Liefde is het Antwoord

Swamini Krishnamrita Prana

Liefde is het Antwoord

door Swamini Krishnamrita Prana

Uitgegeven door:
Mata Amritanandamayi Center
P.O. Box 613
San Ramon, CA 94583
Verenigde Staten

—————— *Love is the Answer (Dutch)* ————

Eerste uitgave: maart 2015

In Nederland: www.amma.nl
info@amma.nl

In België: www.vriendenvanamma.be

In India:
inform@amritapuri.org
www.amritapuri.org

Inhoud

Het onderwerp van vanavond is Liefde.

En voor morgenavond eveneens.

In feite ken ik geen beter

gespreksonderwerp voor ons,

totdat we allen gestorven zijn.

— Hafiz

Hoofdstuk 1

Zuivere liefde belichaamd

Als je beseft hoe volmaakt alles is, zul je je hoofd naar achteren gooien en lachen naar de lucht.

— *Boeddha*

Amma zegt ons vaak om niet 'Ik hou van je' te zeggen. In plaats daarvan zouden we moeten zeggen: 'Ik *ben* liefde.' Dit is een fundamentele hoeksteen van haar leringen, maar wat betekent het eigenlijk om liefde te *zijn*? Het is onmogelijk om het concept liefde echt door woorden te begrijpen, maar als we onschuld en mededogen in ons hart toelaten, kunnen we het ervaren. Als we Amma met nederigheid en een open hart gadeslaan, kunnen we ons misschien rechtstreeks afstemmen op de essentie van wat ze zegt.

Als er zuivere liefde in ons hart is, is er geen afgescheidenheid, alles wordt eenvoudigweg één. We zijn allemaal op zoek naar deze liefde, maar die is niet zo ver weg; sterker nog, hij wacht geduldig in ieder van ons. We bestaan om liefde te worden, maar we neigen ernaar zoveel tijd te besteden buiten onszelf, overal achteraan te lopen en nooit ultieme vervulling te vinden. In plaats daarvan spoort Amma ons aan om onze negativiteit los te laten en samen te smelten met de zuivere liefde die zit opgesloten in ons hart. Dit is in theorie zo eenvoudig, maar uiterst moeilijk om te doen.

Amma is als een rivier die overstroomt van goedheid. Haar grootsheid ligt niet alleen hierin dat ze de hoogste staat van Godrealisatie bereikt heeft, maar gaat veel verder omdat ze een leven van onvoorwaardelijk mededogen belichaamt. Het is gewoon de natuur van een moeder om liefde uit te drukken.

Ik herinner me een dag dat Amma zich in de auto naar me omdraaide en mijn schouder op een heel liefdevolle wijze streelde. Het was alsof ze zei: 'Ik laat je gewoon weten dat ik van je hou.' Ik herinner me dat ze dit zonder een bepaalde reden deed; ze stroomt soms eenvoudigweg over van goedheid. Ze kan er niets aan doen. Een andere keer riep ze me en begon ergens over te praten. Toen zei ze na een poosje: 'Je kunt nu gaan. Ik had je gezicht al een paar dagen niet gezien en dus wilde ik je zien.' Amma verlangt ernaar iedereen op de een of andere manier gelukkig te maken. Daarom heb ik nooit geprobeerd haar aandacht te trekken, omdat ik weet dat Amma me datgene wat ik echt nodig heb, zal geven.

Als de katalysator van liefde ons hart vult, stroomt het over in de vorm van mededogen. Verschillende malen heb ik Amma horen zeggen: 'Mijn pad is niet het pad van *moksha* (bevrijding). Mijn pad is om de wereld lief te hebben en te dienen.'

Dit verwarde mij de eerste paar keer dat ik haar dat hoorde zeggen. Ik dacht: 'Hoe kan ik dit met wie dan ook delen? Ze zullen zo teleurgesteld zijn omdat iedereen denkt dat moksha het doel van het leven is.' Toen hoorde ik het tweede deel.

'Het pad van *sannyasi's* (monniken) is om hun eigen bevrijding te vergeten. Zij moeten klaar staan om naar de hel te gaan om iedereen

9

te verheffen, waarbij ze zichzelf vergeten.' Ik begreep toen dat ze sprak over het hoogste doel waarnaar we kunnen streven: mededogen in activiteit.

Ons doel moet niet zijn om spirituele oefeningen te doen voor onze eigen bevrijding, maar om de wereld lief te hebben en te dienen omdat dat het hoogste pad is. In plaats van te bidden: 'Bevrijd mij hiervan,' moeten we bidden: 'Help mij de goddelijke wil te accepteren en de wereld op de een of andere wijze te dienen.'

Mededogen is onze ware natuur. Helaas ligt dit bij de meeste mensen diep in hen verscholen, slapend en buiten ons bereik, bedekt met allerlei soorten viezigheid. Als we de ware aard van de liefde binnen in ons wakker willen maken, dan zal krijgen niet het enige doel in ons leven mogen zijn; we moeten ook leren geven. In plaats van ons te richten op ontvangen, moeten we ernaar streven om mededogen te betonen aan anderen zo vaak we kunnen. Als we ontwikkelde mensen willen worden, dan moeten we begrip en mededogen voor iedereen hebben en hulp bieden op alle mogelijke manieren. Mededogen is Amma's filosofie. Ze brengt liefde en mededogen voor iedereen in praktijk en onderwijst ons door haar persoonlijke dagelijkse voorbeeld.

Mensen hebben geen idee hoe zeer Amma ons oprecht gelukkig wil maken. Haar doel is om het lijden van mensen in nood te verwijderen. Iedere handeling van Amma is ware *seva*, dienstbaarheid uit mededogen.

Amma leidt een leven van extreme soberheid, maar het is soberheid die voortkomt uit liefde. Ze stelt altijd de behoeftes van anderen boven die van zichzelf. Ze zal niet eten voordat ze zichzelf in dienstbaarheid heeft gegeven. Terwijl de meeste mensen minstens twee of drie maaltijden per dag eten, heeft Amma er slechts één, of zelfs geen enkele. Ze ontbijt nooit en begint met de *darshan* (betekent traditioneel 'aanblik' van een heilige, maar Amma zegent mensen door haar omhelzing) rond tien of elf uur 's ochtends. Ze vast de hele dag en avond en neemt slechts een maaltijd als ze weer in haar kamer is, nadat ze darshan gegeven heeft, in de ashram vaak na middernacht. Tijdens het reizen eindigen Amma's programma's gewoonlijk om drie of vier uur in de ochtend, soms later. Zelfs dan, blijft ze vasten.

Amma slaapt zelden meer dan een paar uur per nacht en er zijn vele nachten dat ze helemaal niet slaapt. Elk wakker moment richt ze zich erop hoe ze kan dienen; of dit nu wordt uitgedrukt door het omhelzen van mensen, het lezen van de honderden brieven die ze dagelijks ontvangt, het persoonlijk leiden van de talloze charitatieve projecten, ziekenhuizen, weeshuizen of scholen die ze heeft gesticht of het adviseren van toegewijden en het beantwoorden van hun vragen. Amma heeft letterlijk naar de problemen van miljoenen mensen geluisterd en zich beschikbaar gesteld voor ieder van hen op elke mogelijke wijze. Ze heeft altijd een *dharmisch* (juist handelen) pad van opoffering en dienstbaarheid gevolgd, geïnspireerd door liefde.

Dat is haar leven: eenvoudigweg geven.

Amma aanbidt iedereen die bij haar komt, niet andersom. Sommige mensen hebben verkeerd begrepen dat Amma aanbeden wil worden, maar dit is verre van de waarheid en bijna lachwekkend als we eraan denken hoe ze haar leven leidt. Het is een offer van de hoogste orde om elke dag uren achtereen voor het publiek aanwezig te zijn, ongeacht hoe ze zich voelt.

Amma wordt elke dag door massa's mensen aangeraakt en vastgepakt en krijgt geen eten en toiletpauzes de hele dag door tot in de nacht. Dit lijkt voor de meeste mensen meer op een afschuwelijke straf. Het luisteren naar dezelfde klachten, vragen en verzoeken, telkens opnieuw, honderden keren per dag zou ons zeker krankzinnig maken. Niettemin stelt Amma zich vol liefde en vreugde beschikbaar voor allen die haar benaderen en ze heeft dit de laatste vijfenveertig jaar onafgebroken gedaan.

Amma belichaamt ware devotie. Ze ziet het Goddelijke in ieder van ons en aanbidt God door dienstbaarheid, mededogen en empathie. Het is de kracht van zuivere authentieke liefde die haar in staat stelt om onafgebroken van zichzelf te geven en bovenmenselijke prestaties te volbrengen.

In de wereld van vandaag zul je geen andere *Mahatma* (grote ziel) zoals Amma vinden. Er is nog nooit in de geschiedenis iemand geweest die meer liefde, genade en mededogen aan de wereld heeft gegeven dan Zij. Ze is de essentie van al het goddelijke dat in één persoon is verenigd. Ongeacht hoe ver je kijkt, geen enkele leraar heeft ooit zoveel wijsheid, vreugde en plezier uitgestraald.

Amma laat de wereld zien wat gedaan kan worden als we het Goddelijke in ons hart hebben gevestigd. Ze zegt: 'Je hebt liefde in je; je hoeft alleen maar je houding te veranderen. Je bent geen lichtmast; je bent eerder een transformator die een enorme hoeveelheid elektriciteit kan genereren. Je bent geen kaars die aangestoken moet worden, maar je bent de zelflichtende zon.'

Amma herinnert ons er constant aan dat ook wij een goddelijke vonk van zuivere liefde in ons hebben, die erop wacht om te ontbranden en ons te transformeren. We moeten er eenvoudig op blijven blazen en het zal een enorm vreugdevuur worden, dat onze negativiteit zal verwoesten en licht in de wereld zal brengen.

Hoofdstuk 2

Een cultuur van onbaatzuchtigheid

Grote daden zijn niet belangrijk, maar wel veel liefde. Heiligheid is iets alledaags.

— *Sint Theresa van Lisieux*

Amma zegt soms dat haar moeder haar goeroe was. Ze heeft ons vaak verteld dat haar moeder de traditionele waarden van liefde en dienstbaarheid illustreerde. Amma heeft gezegd: 'Ik vertel je dat je anderen moet liefhebben als jezelf, maar Damayanti Amma toonde het door haar daden.'

Toen Amma een kind was, staken de dorpelingen niet in ieder huis een lucifer of lamp aan. De lamp werd in één huis aangestoken en dan gingen ze rond met een kokosbast en een lont, waarmee ze het licht naar hun eigen huis brachten. Amma's moeder leerde haar dat als ze naar een ander huis ging om vuur te halen, ze altijd moest kijken of ze hulp nodig hadden. Als er een paar potten vies waren, maakte ze deze eerst allemaal schoon, veegde de vloer en hielp hen op elke mogelijke manier. Pas dan nam ze het licht mee, niet eerder. Door Amma op deze manier te onderwijzen, legde ze het soort waarden uit dat het dorpsleven bepaalde en karakteriseerde zo Amma's opvoeding.

De bron van inkomsten in Amma's dorp was vissen, maar de mensen maakten geen deel uit van een werkgever-werknemer systeem. Hun economische structuur was in plaats daarvan gebaseerd op steun van de gemeenschap en op delen. Ze zorgden voor elkaar, zelfs ten koste van persoonlijke winst en voordeel. Samenwerking werd altijd boven competitie gesteld. De waarden rondom werk en geld waren veel meer op de gemeenschap gebaseerd toen Amma een kind was dan vandaag de dag.

In het dorp waar haar familie woonde waren de meeste mensen visser. Als ze van zee met hun vangst terugkeerden, verkochten ze de vis en gaven vijfenzeventig procent van de opbrengst weg. Ze verdeelden het gelijkelijk over allen die hadden geholpen. Ze zetten ook iets apart voor de ouderen en de weduwen in het dorp die niet voor zichzelf konden zorgen. Degenen die hulp nodig hadden hoefden nergens om te vragen omdat er altijd iets aan hen werd gegeven. Overgebleven muntjes werden onder de kinderen verdeeld zodat ze zoetigheid konden kopen.

Het dorpsleven was doordrongen van deze houding om te delen. Zelfs als Amma's vader niets ving, zette haar moeder toch een bord eten apart voor de buren voor het geval ze niets te eten hadden. Haar familie lengde het weinige dat ze hadden aan zodat de buurtkinderen geen honger zouden lijden.

Het was een gewoonte dat als mensen andere huizen bezochten, ze altijd te eten kregen. Op die manier zorgde men ervoor dat niemand van die familie bij een ander op bezoek ging voordat iedereen had gegeten. Ze wisten dat hun gastheer erop zou staan hen te eten te geven en ze wilden niemand ongemak bezorgen als er niet genoeg eten was om weg te geven. De dorpelingen dachten altijd eerst aan elkaar voordat ze aan zichzelf dachten. Het zat ingebakken in hun manier van leven. Amma zegt dat het deze essentie van liefde was die families en gemeenschappen in die tijd bijeenhield.

Bij een bruiloft of festival boden de mensen graag hun beste kleren aan om door anderen gedragen te worden. Als er ergens een bruiloft was, dan gaven alle buren wat geld om te helpen. De donaties werden geregistreerd in een boek en de gunst werd later teruggegeven. Er werd niet gehamsterd omdat mensen echt in het moment leefden. De dorpelingen dachten er niet aan om geld voor de toekomst te sparen. Ze hadden nooit bankrekeningen maar leefden eenvoudig van dag tot dag. Dit systeem werkte omdat de dorpelingen klaar stonden om voor elkaar te zorgen.

Toen Amma jong was, straalde haar familie en de dorpsgemeenschap oprecht liefde vanuit het hart uit. Amma's jeugd was vol van eenvoud en onschuld. Als de kinderen speelden, zorgde iedereen voor hen. Mensen dachten niet zoals tegenwoordig: 'Dit zijn mijn kinderen en mijn verantwoordelijkheid. Jullie kinderen zijn jullie eigen verantwoordelijkheid.' In plaats daarvan kregen ze allemaal te eten en werd er voor hen gezorgd door alle volwassenen in het dorp. Haar broers en zussen en alle dorpskinderen renden samen, speelden samen, klommen in de mangobomen en zwommen in de binnenwateren. Iedere dag was als de viering van een festival, omdat er zoveel verbondenheid was tussen de familieleden en de dorpelingen.

Er was niet veel in termen van materiële voorspoed maar de rijkdom aan liefde was enorm. Als kind kreeg Amma slechts twee stel kleding per jaar, een met het Onamfestival en de ander aan het begin van het schooljaar. Ze had slechts twee sets waar ze een heel jaar mee moest doen.

Toen Amma onlangs met een jonge jongen praatte die tijdens darshan naast haar stond, gaf ze hem *satsang* (spirituele lezing) over armoede. Ze hield vol dat hij, hoewel hij in India woonde, echt geen idee had hoe de meeste mensen moeten ploeteren omdat hij in zoveel luxe leefde. Amma zei verder dat toen ze jong was ze geen speelgoed had; ze had vrienden. Hij heeft daarentegen veel speelgoed, maar hoeveel goede vrienden heeft hij? Bij een andere gelegenheid zag Amma kinderen in het zand spelen en merkte bedroefd op: 'Kinderen waren zo onschuldig in die tijd, maar in plaats daarvan hebben ze nu speelgoed-huizen.'

Amma looft de moeders die de *samskara* (cultuur) van onzelfzuchtigheid aan hun kinderen geven omdat ze door dit te doen, hun families en gemeenschappen goede waarden bijbrengen. Deze waarden zullen helpen om de toekomst veilig te stellen. Amma kreeg deze samskara bij haar thuis, maar de tegenwoordige generatie mist vaak deze kostbare algemene ontwikkeling.

Hoofdstuk 3

Liefde heelt alle wonden

Uiteindelijk zal niets wat we doen of zeggen in dit leven, er zoveel toe doen als de wijze waarop we van elkaar hebben gehouden.

— Daphne Rose Kingman

Toen ik in de begindagen bij Amma zat om haar vragen te stellen, dacht ik dat we eigenschappen als kalmte en onthechting van haar moesten leren, maar Amma bleef me erop wijzen om naar Liefde te streven. Toen ik voor het eerst bij Amma kwam, dacht ik zelden aan liefde. In die tijd voelde ik dat ik eindelijk klaar was om een 'echt' spiritueel leven te beginnen en wilde naar iets hogers streven, maar Amma bleef me leren dat de kracht van liefde de grootste kracht in de hele wereld is. Met liefde kunnen we alles doen. Uiteindelijk zal liefde alle wonden van de wereld helen.

Alle echt grote prestaties zijn alleen bereikt door een onderliggende basis van liefde, toewijding en een zeer goede houding. Als een kind ziek is en naar een ziekenhuis moet worden gebracht, kunnen ouders dagen achtereen wakker blijven bij hun kind. Liefde kan het lichaam voorbij alle gewone beperkingen brengen. Het is liefde die ons de kracht geeft om door te gaan bij alle moeilijkheden en obstakels die in het leven kunnen ontstaan. Als we echte liefde in ons kunnen ontwikkelen, zullen we ontdekken dat alles mogelijk is.

Er is een jong kind in Zwitserland met het syndroom van Down. Toen hij erg klein was, was Amma de enige die hij 'Mamma' noemde. Hij noemde zijn eigen moeder nooit bij deze naam. Nu is hij iets ouder, hij kan lopen en zit vaak in meditatie op de *peetham* (verhoogd podium waarop de Goeroe zit) naast Amma. Als zijn vader komt om hem mee te nemen als Amma met de darshan begint, vraag ik het kind regelmatig: 'Papa of Amma?' Elke keer verkiest hij Amma boven zijn eigen moeder en vader en rent hij naar haar darshanstoel.

Aan het einde van de darshan neemt Amma hem vaak een poosje mee naar haar kamer. Ze tilt hem de trap op hoewel hij ongelofelijk zwaar is. Ik probeer te helpen om het gewicht van Amma over te nemen, maar Amma blijft altijd volhouden: 'Hij is niet zo zwaar. Hij heeft niet zoveel gewicht.'

Ik protesteer: 'Amma, hij is zóóó zwaar!'

Amma is het er niet mee eens en zegt: 'Nee, hij is niet zwaar!' Dit is precies wat Amma voelt, omdat met liefde alles gewichtloos wordt.

Een meisje sprak onlangs de zorg uit dat haar ego zo groot was dat ze er nauwelijks mee in dezelfde kamer paste. Ze was bezorgd dat ze nooit Godrealisatie zou kunnen bereiken met zoveel gebreken. Ik vertelde haar de eenvoudige waarheid: hoe groot ons ego of hoe onhandelbaar onze geest ook lijkt te zijn, Amma's liefde is nog groter en krachtiger. Het is niet nodig om je zorgen te maken; Amma zal voor je zorgen. Haar liefde zal alles doordringen en helen wat geheeld moet worden.

Als we Amma gadeslaan, zien we dat de kracht van liefde alle soorten wonden heelt, ongeacht hoe diep ze zijn. Liefde is het krachtigste medicijn in de wereld. Het is als een druppelinfuus dat we lange tijd moeten krijgen. Wees er zeker van dat de kracht van liefde ongetwijfeld het ego kan vernietigen, hoewel het soms langzaam lijkt te gaan. Dit betekent niet dat Amma altijd ons lichaam zal genezen of ons precies zal geven wat we willen, maar als we op haar genade vertrouwen, zal ons hart opengaan en zullen we de liefde die in ons is vinden. De kracht van een Mahatma is groter dan de kracht van het ego.

Er is een verhaal over een toegewijde bij wie onlangs kanker was vastgesteld. Voor haar hebben Amma's genade en liefde dit angstige proces van sterven getransformeerd in een prachtige en bevrijdende ervaring, een viering van het leven. Ik moedigde haar aan over haar gevoelens te schrijven omdat ze velen van ons die in *Amritapuri* (Amma's ashram in India) wonen, geïnspireerd heeft.

De diagnose van een terminale ziekte heeft me laten zien dat Amma's leringen, haar aanwezigheid en haar geduldige

voortdurende liefde mij de gereedschap-
pen hebben gegeven om nieuwe dimensies van de enige onveranderlijke waarheid te onderzoeken. Ik hield op me
zorgen te maken over het leven en werd
meer oplettend in het heden. Het nieuws
van de diagnose maakte Amma's leringen zichtbaar tot een levende oefening
in mijn hart in plaats van een abstracte
denkoefening van de geest. In mijn hart
is er nu stilte en vrede; voor het eerst kan
ik mijn ware Zelf voelen. Een vriend vertelde me na het horen van mijn nieuws:
'Het is een grote gift, een zegening te
weten wanneer je zal sterven.' Ik voel
zeker dat dit de waarheid is. Dank u
Amma dat u mij geholpen heeft mijn
ware aard te verkennen.

Verscheidene jaren had ik het gevoel
alsof ik een groot zwart gat van woede
in mijn lever had, dus toen ik dit op de
CT-scan zag, was ik helemaal niet verbaasd. De eerste week was ik extreem
boos. Ik zei tegen mezelf dat het leven
helemaal niet prachtig is, omdat ik op

verschillende tijdstippen in mijn leven geplaagd werd door depressie en boosheid om redenen die me onbekend waren. Ik dacht dat jaren ervaring als verpleegster in een hospitium mijn hersenen zouden helpen om te accepteren wat komen ging.

Na deze eerste moeilijke week heb ik mijn diagnose geaccepteerd. Sindsdien heb ik geen gevoelens van boosheid, depressie of angst meer gehad. Dit was het eerste teken van genade dat me opviel en ik ben hier heel dankbaar voor. Een andere toegewijde herinnerde me eraan: 'Genade is alomtegenwoordig en stroomt altijd. Je moet je er voor openstellen.' Ik heb me overgegeven diep in mijn hart en accepteer nu Amma's oneindige, onvoorwaardelijke liefde en alles wat erbij komt. Ik vind deze reis opwindend, stimulerend en zeer vreugdevol.

Liefde kan alle problemen in de wereld oplossen. Dit zal niet van de ene op de andere dag gebeuren, soms vergt het jaren. Amma's liefde is niet altijd een wonderbaarlijke genezing, hoewel dit het geval kan zijn. Genezing vraagt enorm veel praktische inspanning van ons. Het kan zeer uitdagend zijn om onze negativiteit om te draaien en liefde in onszelf te zoeken.

Amma vertelt vaak het verhaal van een jongetje dat iemand zag overgeven op de vloer en zich haastte om het op te ruimen, terwijl alle anderen het negeerden. Later die avond bleef haar aandacht naar hem teruggaan. Het was zo'n kleine daad die hij verrichtte. Mensen schrobben uren lang elke dag, maar denkt Amma aan hen in haar kamer? Misschien, misschien niet. Het was de onbaatzuchtige houding van deze jongen die Amma's gedachten steeds opnieuw naar hem toe trok.

Op een keer probeerde ik dit zelf. Een andere vrouw en ik waren bij een bijeenkomst toen een jong meisje plotseling overgaf. We haastten ons beiden naar de plek. Ik zei: 'Ik ga dit opruimen.'

De andere vrouw sprak me tegen en zei: 'Nee, nee, ik wil dit opruimen.'

Ik drong aan: 'Nee, ik wil dit echt opruimen', dus kibbelden we met elkaar om wie de onbaatzuchtige zou zijn die de kans kreeg het op te ruimen. Uiteindelijk ruimden we het samen op en voelden ons ongelofelijk trots. Toen we aan het schoonmaken waren, vroegen we ons af waar de moeder van het kind was gebleven. *Zij* zou het op hebben moeten ruimen! Ik betwijfel of Amma's genade op dat moment erg stroomde, maar het was een grappige gebeurtenis.

Ondanks al onze fouten wacht Amma geduldig op ons, in het besef dat zuivere liefde het antwoord is op absoluut alles. Ze gaat door met vergeven, liefhebben en een volmaakt voorbeeld voor ons zijn om na te volgen, ongeacht wat iedereen van haar zal denken of zeggen. Zelfs als mensen hebben geprobeerd haar pijn te doen, heeft Amma altijd gereageerd met hen te vergeven en liefde te geven.

Amma weet dat er schaarste aan liefde in deze wereld is. Liefde is waarvoor we zijn geboren, maar we komen er zelden aan toe het te ervaren. Ze wil mensen zien springen van vreugde met liefde, hetgeen de reden is dat ze zoveel van haar leven en energie eraan besteedt om ons te helpen de liefde waarnaar we op zoek zijn te ervaren.

Woorden kunnen het hoogtepunt van het menselijk bestaan niet beschrijven, de staat waarnaar Amma ons brengt. Daar verblijft ze, in gelukzaligheid maar ze staat altijd klaar om zich op te offeren en naar ons niveau af te dalen om ons te verheffen.

Hoofdstuk 4

De vlinder van mededogen

Heiligheid is niet alleen voor een heilige,
heiligheid is de verantwoordelijkheid van ieder
van ons. We zijn gemaakt om heilig te zijn.

— Moeder Theresa

Edward Lorenz was een meteoroloog en wiskundige die vele jaren probeerde zijn wetenschappelijke hypothese aan andere deskundigen te presenteren. Hij stelde dat iets kleins als het fladderen van de vleugels van een vlinder een gigantische orkaan aan de andere kant van de aarde kon veroorzaken.

Zijn collega's wantrouwden zijn simpele theorie, maar eindelijk, na meer dan dertig jaar, werd het geaccepteerd als een echte wetenschappelijke wet.

De wereld accepteert deze theorie nu. Het is algemeen bekend als het 'vlindereffect.' Op dezelfde wijze kan het verspreiden van een beetje vriendelijkheid en mededogen fenomenale reacties over de hele wereld teweegbrengen die we nooit voor mogelijk hadden gehouden.

Op een ochtend tijdens een Zuid Indiase tournee in Trivandrum ging een grote zwartwitte vlinder op weg naar het programma. Ik zag vanaf het podium dat hij op de een na de ander landde, bij iedereen slechts een paar seconden. Bij een man landde hij op zijn hoofd, bij een ander op de rand van zijn bril. De man die een bril droeg leek zijn adem in te houden van verwachting en vreugde, en vroeg zich af hoe lang de vlinder zou blijven zitten. Hij voelde duidelijk dat de vlinder een zegen voor geluk was. Iedereen op wie de vlinder neerstreek, voelde de heiliging van zijn aanraking. Alle mensen die toekeken voelden zich ook gezegend om getuige van de gebeurtenis te zijn.

Het leven van een vlinder is kort maar prachtig. Met zijn kleine daden van schoonheid, brengt hij zo veel vreugde, waarheen hij ook gaat. Als een kleine vlinder ons leven met een eenvoudige, kleine vleugelslag kan verlichten, bedenk dan hoeveel groter ons vermogen is om vreugde in de wereld te brengen. We hoeven geen grote daden te verrichten om dit 'vlindereffect' te creëren. Al het goede wat we doen, hoe bescheiden het ook mag lijken, kan een uitzonderlijk cumulatief effect hebben. Op dezelfde manier kennen Amma's daden van vriendelijkheid geen grenzen. Zij gaat ons begrip te boven en het golfeffect dat ze in beweging zet, reist over de hele wereld.

Amma's liefde en bezorgdheid strekken zich op zoveel verschillende niveau's naar ons allemaal uit. Ze schenkt praktische aandacht aan ieder detail, waarbij ze ervoor zorgt dat mensen zich gelukkig voelen en het gevoel hebben dat er voor hen gezorgd wordt. Als ze aan het begin van een programma op het podium komt, kijkt ze altijd rond om te controleren of het publiek het naar de zin heeft. Ze geeft aanwijzingen dat er stoelen worden gegeven aan mensen die staan en instrueert dat borden worden weggehaald die het zicht van iemand belemmeren. Mensen die medicijnen nodig hebben of bijzondere noden hebben, worden door middel van een prioriteitensysteem bij haar gebracht. Ze is continu aan het zorgen voor iedereen om haar heen. Nooit eerder was er zo'n toegankelijke persoon die zoveel aandacht besteedde aan anderen en zich zo weinig op haar eigen behoeftes richtte.

De prachtige boodschap die Amma stilletjes door haar oplettendheid probeert bij te brengen is dat we altijd eerst aan anderen moeten denken. Het kleinste gebaar van Amma kan een enorme invloed creëren als we het vermogen hebben om de subtiele boodschappen in elke daad van haar te lezen.

Amma herinnert ons eraan dat als we honing proeven, waar ook in de wereld, het trouw blijft aan zijn inherente aard. Het is altijd zoet. Op een vergelijkbare manier is vuur altijd heet. Op dezelfde wijze zijn vrede en mededogen universele eigenschappen die overal hetzelfde blijven. Iedereen verlangt ernaar hun zoetheid en warmte te ervaren. Amma heeft gezegd dat als we geen mededogen in onze daden gieten, zelfs het woord 'liefde' slechts een woord in het woordenboek zal blijven. Zonder mededogen zullen we nooit de zoetheid van dat gevoel ervaren.

Amma's boodschap en missie is om mededogen te verspreiden. Ze weet dat de wereld
om te helen dit echt nodig heeft en waar men
naar hunkert. Ze wil graag mededogen naar
alle mensen verspreiden ongeacht de taal, cultuur, nationaliteit of religie. Ze weet dat om de
wonden van het verleden te herstellen en vooruit
te gaan in de toekomst, we onze harten moeten
openen voor liefde.

Er is een verhaal over een vrouw die op
tragische wijze haar kind verloor en absoluut
overmand door verdriet was. Bij de begrafenis
van het kind probeerden veel mensen haar te
troosten, ofschoon ze echt niet wisten wat ze
moesten zeggen. Een grote man kwam stilletjes naar de ontroostbare moeder toe en zonder
een woord te zeggen hield hij eenvoudig haar
hand vast. Een van zijn tranen viel stil op haar
hand. Zijn woordloze emotie, die met oprechte
vriendelijkheid en echt mededogen werd aangeboden, troostte haar meer dan wat iemand ook
kon zeggen of doen.

Soms was ik met Amma in situaties met rou-
wende familieleden en dacht dat ik hen moest
proberen te troosten door enige woorden van

wijsheid over de cyclus van geboorte en dood te spreken. In plaats van het geven van zo'n advies houdt Amma hen stevig vast en zegt: 'Stil maar, het is goed. Huil niet.' Soms is dat alles wat ze hun kon zeggen. Ze houdt ze vast en troost hen en ze huilen in haar schoot terwijl Zij samen met hen meehuilt. Ze heeft nooit gezegd: 'Het moest zo gebeuren' of 'Het was hun tijd'. In deze perioden van onmetelijke pijn, offert Amma eenvoudig haar mededogen. Ze houdt degenen die huilen vast en veegt hun tranen af waarbij ze één wordt met hun verdriet.

Toen we op een dag door Noord India reisden, stopten we aan de kant van de weg in een klein plattelandsdorp. Sommige vrouwen besloten een wandeling te maken. Toen ze langs een klein huisje liepen, zagen ze een jonge knappe vrouw die bedroefd was. Ze kenden een beetje Hindi en begonnen een gesprek met haar.

De vrouw vertelde haar verhaal: ze was uitgehuwelijkt op haar achtste jaar en zwanger op haar dertiende. Haar man was dronken gestorven, en nu op haar zesentwintigste voedde ze haar dertienjarige zoon in haar eentje op. Ze kende geen geluk in haar leven en de toestand van de andere vrouwen in het dorp was hetzelfde. Omdat ze uitgehuwelijkt waren toen ze nog klein waren, voelden ze zich ellendig en hadden niets in het leven om naar uit te kijken. Verhalen zoals deze zijn niet ongewoon, vooral in ontwikkelingslanden.

Het zijn niet alleen arme dorpelingen in hutjes die huilen. Amma ziet ook veel welgestelde mensen die in grote landhuizen wonen en lege levens leiden en net zo vol van intense pijn zijn. Iedereen, overal schreeuwt het uit om tenminste een beetje geluk in zijn leven. In haar ultieme mededogen heeft Amma haar leven gewijd aan het verlichten van dit lijden in de hele wereld.

Hoofdstuk 5

Gods liefde in een menselijke vorm

Elke keer dat je je de waarheid van wie je bent herinnert, breng je meer licht in de wereld.

– Anonymus

Amma gadeslaan is de uitdrukking van Gods liefde in een tastbare vorm zien. We kunnen goddelijke kracht niet echt begrijpen, maar goddelijke eigenschappen hebben zich in de geschiedenis gemanifesteerd in de levens van enkele zeer grote gerealiseerde zielen. We bewonderen en vereren deze Mahatma's omdat ze gewijde eigenschappen als liefde, mededogen, onthechting en vergeving in hun leven belichamen.

Amma heeft de bron van goddelijke liefde gevonden en ze wil deze schat met ons delen. Haar doel is om ons naar de toestand van allerhoogste liefde te leiden. We kunnen de geschriften bestuderen en spirituele boeken lezen om over de hoogste waarheid te leren, maar alleen door Amma gade te slaan kunnen we dit omzetten in daden.

Amma denkt alleen aan anderen en nooit aan zichzelf of haar eigen gemak. Ze kiest ervoor zo te leven in tegenstelling tot de keuzes die de rest van ons geneigd is te maken.

Tijdens de Noord Indiase tournees die gewoonlijk ieder jaar gepland worden, reizen we van het zuiden naar de meest noordelijk gelegen delen van India helemaal over de weg. Het is zeer oncomfortabel op die hobbelige wegen en we worden allen grondig rondgestuiterd in het voertuig. We noemen de camper waarin we reizen gekscherend onze 'wasmachine', omdat het tijdens de rit voelt alsof we rondgeslingerd worden in een wasmachine op het hoogste toerental. Als je nooit in een wasmachine hebt gezeten, weet je niet wat het is, dit heftige ronddraaien.. Het is zeker niet op het lage toerental gezet!

Amma's assistente is altijd heel attent en zodra iemand het voertuig binnenkomt, vraagt ze: 'Wil je medicijnen tegen wagenziekte?' Ze geeft ze aan iedereen die met ons meegaat. Mensen stappen altijd vreugdevol in met prachtige verwachtingen, maar ze realiseren zich nooit waaraan ze beginnen.

Als we instappen, vraag ik me soms af: 'Wie zal vandaag het slachtoffer worden?'

Mensen worden vaak jaloers en denken, 'Oh, reizen in een camper moet zo'n luxe zijn!' Maar de waarheid is dat we vastzitten, heen en weer klotsend in een wasmachine. Niets is ooit wat het lijkt. Het is niet nodig om op wie dan ook jaloers te zijn.

Er zijn twee bedden in de camper, maar Amma zal ze nooit gebruiken. Ze zorgt er altijd voor dat wij ze gebruiken. Ze staat erop om op de vloer te liggen met slechts het dunste beddengoed. Al het andere meubilair is eruit gehaald en er is zelfs geen stoel voor Amma om tegen te leunen of op te zitten; dus blijft ze op de vloer.

Zelfs in haar eigen kamer in de ashram past Amma zich altijd aan iedereen aan. Amma geeft er de voorkeur aan op de vloer te slapen, maar omdat ze haar kleine slaapkamer met haar assistente en drie honden deelt, is er geen ruimte meer. Ze is onlangs op het bed gaan slapen om

wat meer ruimte te hebben om zich uit te rekken. Uiteraard wilde één van de honden zodra
ze dit deed, daar ook slapen.

Het is geen klein hondje en hij houdt ervan
zich uit te rekken, dus hij neemt bijna een derde
van het bed in beslag. Zodra iemand probeert
hem eraf te trekken, gromt hij naar hem en
weigert weg te gaan. Om hem een plek te geven
en rustig te houden ging Amma slapen door
haar voeten en benen ongemakkelijk naast het
bed te laten bungelen. Na enige tijd schikte ze
zich eenvoudig naar zijn wensen en nu slaapt
ze met haar voeten bovenop de hond, waarmee
hij prima tevreden is. Zelfs in haar eigen kamer
heeft Amma nauwelijks ruimte om haar benen
te strekken. Ondanks dit alles geeft ze zich over
aan elke omstandigheid en waakt er altijd voor
dat er voor iedereen gezorgd is.

Soms maak ik me bezorgd over hoeveel ze
van zichzelf geeft. Zo nu en dan heb ik bij Amma
gepleit om te stoppen met het vele reizen, waarbij ze maanden achtereen zonder tussenliggende
rustdagen programma na programma geeft. Op
een keer vroeg ik of we de Noord India tour konden overslaan omdat het zo zwaar is voor haar

lichaam. Ze antwoordde: 'Nee! Die dorpelingen zijn zo arm. Ze kunnen het zich niet veroorloven om naar hier (Kerala) te reizen.'

Ik stelde voor: 'Amma we kunnen bussen sturen om hen op te halen en hen naar de ashram te brengen.' Ze was het er niet mee eens en zei dat mijn plan te duur was; het zou beter zijn om Zelf te reizen en alle extra geldmiddelen te gebruiken om de armen te dienen. Het is onmogelijk om Amma te overtuigen om meer rust voor zichzelf in acht te nemen. We hebben het talloze malen geprobeerd.

In verschillende landen over de hele wereld zijn er toegewijden die elke dag huilen omdat ze niet in de ashram kunnen zijn. Amma denkt altijd aan hen en nooit aan haar eigen gezondheid of comfort. Hun verlangen en verdriet bewegen Amma ertoe om voortdurend te reizen, hoewel het leven veel gemakkelijker zou zijn als we gewoon thuis bleven. We leven in een wereld waar de meeste mensen alleen denken aan wat het beste voor henzelf is en zich altijd afvragen: 'Wat heb ik eraan?' Amma leeft op een totaal andere manier, waarbij ze altijd eerst met anderen rekening houdt.

Amma herinnert ons eraan dat we ons moeten richten op wat we kunnen geven, in plaats van altijd te denken aan wat we kunnen nemen. Waarom geen goede dingen doen zolang we kunnen, zolang we nog de kracht hebben? Zodra onze behoeftes zijn vervuld, is het belangrijk om attent te zijn en aan de wereld terug te geven wat we kunnen. Niemand vraagt ons teveel. Er wordt niet van ons verwacht om volledig in Amma's voetsporen te treden. Geen gewoon mens heeft echt dat vermogen, maar als we onszelf maar een klein beetje kunnen vergeten en tijd vinden om te dienen, zullen we zeker gelukkiger worden.

Telkens als Amma leiding gaf aan toegewijden die huizen voor de armen bouwden, adviseerde ze altijd om in hun vrije tijd de dorpelingen in hun huizen te bezoeken, om naar mensen te luisteren en hun problemen te begrijpen. Ze is bekend met het leed van de minder bevoorrechten omdat zij hun hart hebben geopend en hun moeilijkheden decennia lang hebben uitgestort. In tegenstelling tot Amma hebben veel jonge mensen die in de ashram wonen en helpen met dienstverlening, niet echt begrepen welke moeilijkheden de minder bevoorrechten moeten ondergaan; Amma weet dat mensen helpen om zich van de problemen bewust te worden de eerste stap is om de problemen op te lossen.

Er is veel armoede en lijden in deze wereld. Het is onze verantwoordelijkheid om te doen wat we kunnen om degenen die pijn lijden te helpen; daarom heeft Amma uitgebreide charitatieve projecten opgezet over de hele wereld. Ze reageert op allen in nood overal. Onze problemen en zorgen zijn de drijvende kracht die Amma inspireert om haar leven in dienstbaarheid te offeren.

We moeten ons hart laten smelten van mededogen voor anderen als we aan hen denken, in plaats van altijd ons te richten op wat we zelf kunnen krijgen en nemen. Amma is zo'n prachtig voorbeeld, waarbij ze ieder moment maximaal schenkt. Door haar voorbeeld probeert ze een druppel van dat mededogen in ons te inspireren.

Hoofdstuk 6

Zo fris als een hoentje

*'Moge de schoonheid die je
liefhebt zijn wat je doet.'*

— *Rumi*

Amma zegt dat de Amritapuri-ashram net een ziekenhuis is. Mensen komen met een tekort aan vitamine L (liefde) en hebben intensive care nodig. Amma is de ultieme dokter: ze kan dwars door ons heen kijken, diep in onze ziel, door alle oppervlakkige lagen van ons bestaan. De meeste mensen zien slechts de buitenkant, maar Amma gaat dieper dan wie ook. Ze ziet dwars door ons heen direct in onze eigen kern. Ze heeft een onbeperkte voorraad vitamine L om te verspreiden, wat precies datgene is wat ze geeft aan iedereen die het nodig heeft. We zijn zo gelukkig dat we de gelegenheid hebben in haar gezelschap te zijn en deze stroom van liefde en empathie gade te slaan.

Soms denk ik eraan hoeveel pijn Amma in haar lichaam ervaart door zo extreem lang darshan te geven. Op sommige momenten kan ze nauwelijks haar nek buigen of haar lichaam helemaal niet zonder pijn bewegen. Op zulke momenten vraag ik me af hoe ze in staat is om vijf mensen te omhelzen, laat staan een programma met 20.000 mensen! Amma denkt nooit op deze manier. Ze weet dat ze het vermogen heeft om zich los te maken van de geest-lichaam verbinding. Ze is altijd in staat om de kracht te vinden te doen wat gedaan moet worden om anderen te dienen.

Toen we op een keer van de ene naar de andere staat reden op weg naar een groot programma, had Amma ondraaglijke pijn. Elke kleine beweging deed haar pijn, zodat ik me niet kon voorstellen hoe ze de nacht door kon komen met zo'n grote menigte die voor de darshan kwam. Toen Amma het podium op stapte, wilde ze buigen en knielen zoals ze altijd doet aan het begin van de programma's, maar door de intense pijn in haar nek, was dat een beweging die ze niet kon maken. Amma kon haar nek totaal niet buigen. Toen ze op het punt stond het te proberen, drong ik aan: 'Nee, Amma! U hoeft dat niet te doen! U kunt gewoon uw handen samenvouwen in *pranam* (respectvol groeten).'

Ik voelde me een beetje een idioot dat ik dit tegen haar zei te midden van de aanwezigen (de leerling die de Goeroe vertelt wat te doen!). Het werd waarschijnlijk allemaal op film geregistreerd toen ik Amma's arm vasthield en probeerde haar te tegen te houden om te knielen.

Amma negeerde me eenvoudigweg en boog zoals ze altijd doet. Niemand die haar dit zag doen, heeft geweten dat ze pijn in haar lichaam had. Ze deed gewoon haar plicht, vergat zichzelf en haar eigen gezondheid.

Als Amma programma's in het westen houdt, gaat ze tot diep in de nacht door en ik weet dat haar lichaam intens pijn moet doen. Als er twee programma's per dag zijn, kan de darshan om tien uur 's morgens beginnen en doorgaan tot vier uur 's middags, soms later afhankelijk van de hoeveelheid mensen. Tegen die tijd is Amma soms duizelig door het gebrek aan eten en water. Mensen die toekijken zullen dit nooit echt kunnen begrijpen omdat Amma niemand bedroefd wil maken door hen te laten zien hoe haar lichaam voelt.

Het avondprogramma begint twee uur later en gaat door tot diep in de nacht; Amma geeft vaak darshan tot vier of vijf uur 's morgens. Ze zit totdat iedereen die bij haar wil komen haar omhelzing heeft ontvangen. Ze heeft dan een kleine pauze vroeg in de ochtend, totdat om tien uur de darshan weer begint. Rondom Amma verandert de dag in de nacht en de nacht in de dag omdat de programma's in elkaar overgaan. Ze denkt nooit aan de inspanning die ze continu levert voor iedereen, alleen aan de moeilijkheden die de mensen hebben om zo lang te moeten wachten om haar te zien.

Als dorpelingen naar de ashram in India komen en de menigte niet te groot is, geeft Amma hen vaak uitzonderlijk lange darshans. Op een keer, toen Amma naar haar kamer terugkeerde na een lange dag, gaf ze toe dat haar lichaam pijn deed. Toen ik haar vroeg waarom ze iedereen zulke lange darshans had gegeven, antwoordde ze dat de prijs van de buskaartjes erg omhoog was gegaan. Ze weet hoeveel opoffering arme mensen getroosten om bij haar te komen. Er zijn dorpelingen die zo weinig hebben dat ze zelfs nette kleding van hun buren moeten lenen om de ashram te bezoeken. Amma zei: 'Ik moet hen echt iets geven. Ik moet met hen praten omdat ze dezelfde taal begrijpen en ze hebben zoveel opgegeven om hier te komen.'

Zelfs als Amma ziek is en een maagprobleem heeft of misselijk is, heeft ze om die reden nooit één programma waar dan ook in de wereld afgezegd. Als ze moet overgeven, gaat ze naar een zijkamer om dit te doen, spoelt haar mond en komt terug om weer darshan te geven. Niemand beseft dat ze lijdt. Op een gegeven moment waren Amma's maagspieren zo pijnlijk samengetrokken van het lange zitten zonder te bewegen dat ze een band moest dragen. Maar wat deed ze? ze gaf de riem ogenblikkelijk weg aan een arme man die voor darshan kwam en er een nodig had.

Later op de avond, of beter gezegd 's nachts tijdens de vroege ochtenduren, kan men waarnemen dat Amma soms naar een ander niveau van bewustzijn gaat. Ze haalt haar geest weg van de uitgeputte toestand van haar lichaam, terwijl ze lacht, giechelt en totaal vertraagd elke persoon langer dan de vorige omhelst. Ze haast zich nooit aan het einde van het programma, probeert nooit er snel een einde aan te maken zodat ze kan gaan rusten zoals wij in dezelfde situatie gedaan zouden hebben.

Nadat Amma tijdens een Zuid Indiase toernee veertien uur had gezeten, verwachtte ik dat ze aan het einde van de nacht vreselijke pijn in haar lichaam zou hebben. Toen ze terugkwam in haar kamer, sprak ze nog eens anderhalf uur met mensen in plaats van te rusten of eten. Ze kreeg kokoswater aangeboden, wat ze accepteerde maar zonder intentie het op te drinken. Ze hield het grote volle glas tenminste twintig minuten vast totdat ik het eindelijk van haar overnam, te laat beseffend dat het behoorlijk zwaar voor haar moest zijn. Ze had het glas eenvoudigweg aangenomen omdat dat is wat ze doet. Ze accepteert alles; ze wijst nooit iets of iemand af.

Ik kon me slechts inbeelden hoe moe haar lichaam moest zijn en de pijn die ze gehad moet hebben door de hele dag en nacht te zitten zonder te bewegen. Ik had gedacht dat na het

geven van zoveel uren darshan ze vermoeidheid
en intense spierpijn zou ervaren, vooral in haar
armen. In plaats daarvan, tot mijn totale verrassing, zwaaide ze enthousiast met haar armen
terwijl ze sprak. Wij waren al bezig te verleppen,
maar Amma was zo fris als een hoentje. Dit is
gewoon de wijze waarop Amma's leven stroomt.
De liefde houdt haar in stand en stelt haar in
staat het onmogelijke te doen.

Als Amma's lichaam een standbeeld zou zijn,
zou het zijn weggeroest en lang geleden tot stof
zijn vergaan. Hoeveel mensen leggen hun handen op Amma's benen, stappen op haar voeten,
grijpen haar nek of schreeuwen in haar oor?
Maar Amma zegt dat ze dankzij Gods genade
darshan kan blijven geven. Amma ervaart pijn
in haar eigen lichaam zodat onze pijn minder
kan worden. Dat is de onpeilbare liefde die een
Satguru (ware leraar) voor de wereld heeft. Dit
het principe is waarin de christenen geloven als
ze zeggen dat Jezus leed voor onze zonden.

Een toegewijde vroeg Amma eens of haar
lichaam echt leed of niet. Ze dacht dat het zeker
het geval moet zijn met alles wat Amma moet
doormaken, maar deze persoon was onzeker

omdat Amma gewoonlijk zo gelukkig lijkt. Amma antwoordde: 'Op het menselijke niveau lijdt het lichaam, maar op mijn niveau nooit! Maak je geen zorgen, mijn liefste.'

Een cadeau dat eens is gegeven mag nooit teruggenomen worden. Amma benadrukt: 'Ik heb me als offergave aan de wereld gegeven. Ik zal niets terugnemen om aan mezelf te denken.' Amma toont ons de weg. Ze leert ons hoe we ons op moeten offeren voor anderen door het voorbeeld dat ze in haar eigen leven geeft. Ze streeft er altijd naar om het maximum te geven in alles wat ze doet. Als we liefde in ons hart hebben, komt het streven om iets goed te doen moeiteloos en met kracht. Laten we allen bidden dat we iets goeds van haar in ons op kunnen nemen om aan de maatschappij terug te geven, hoe klein het ook mag zijn.

Hoofdstuk 7

De hoogste sadhana

*Meteen vanaf het moment van onze geboorte
vallen we onder de zorg en vriendelijkheid
van onze ouders en dan later in ons
leven als we tegen ziekte aanlopen en oud
worden, worden we weer afhankelijk van
de vriendelijkheid van anderen. Omdat
we aan het begin en einde van ons leven zo
afhankelijk van de vriendelijkheid van anderen
zijn, hoe kan het dan dat we in het midden
vriendelijkheid voor anderen verzuimen?*

– Tenzin Gyatso, 14de Dalai Lama

Anderen liefhebben en van dienst zijn is de
hoogste *sadhana* (spirituele oefening) die we
kunnen beoefenen, maar hoeveel van ons zijn
echt klaar om van iedereen te houden en altijd
dienstbaar te zijn zoals Amma? Als we echt
onvoorwaardelijk kunnen liefhebben en dienen,

dan zouden we niets anders hoeven te doen om spirituele hoogtes te bereiken, maar dat houdt in van *iedereen* houden, niet alleen van de paar mensen bij wie we ons misschien op ons gemak voelen of tot wie we worden aangetrokken.

Het betekent de persoon liefhebben die voor je in de rij voor het eten voorkruipt of iemand die half bovenop je zit in de *bhajan*hal (bhajan = devotioneel lied) wanneer je al het gevoel hebt niet genoeg ruimte te hebben, degene die je bijna omver gooit of voor je staat precies op het moment dat Amma komt. Als je op dat moment van hen kunt houden, dan hoef je niet zoveel andere vormen van sadhana te doen.

Het is uiterst moeilijk om altijd het beste in iedereen te zien. Dat is de meest verheven houding die we kunnen hebben, maar het is een grote uitdaging om dit te bereiken. Om in deze richting te gaan moeten we onze geest trainen om zich te concentreren op het doen van goede dingen. Meditatie, puja, devotioneel zingen, mantra japa, gebeden voor het welzijn van de wereld en *karma yoga* (onbaatzuchtig handelen) zijn verschillende manieren om concentratie, mededogen en empathie te ontwikkelen.

Tegenwoordig worden er allerlei studies en research verricht op het gebied van de neurowetenschappen die aantonen hoe goede daden of zelfs alleen goede intenties een uitzonderlijk weldadig effect op onze gezondheid en ons welbevinden hebben. Testen hebben bewezen dat de geest opnieuw positieve waarden kunnen worden aangeleerd, zelfs als we ze als kind niet hebben geleerd. Als we positieve waarden in praktijk beginnen te brengen, beginnen we diepe gevoelens van vreugde en welzijn te ervaren. Een cyclus wordt gestart waarbij we gelukkiger worden naarmate we meer goed voor anderen doen, en als we gelukkiger zijn, verlangen we er meer naar om goede daden te verrichten.

De invloed die Amma op kinderen heeft, is vooral prachtig omdat kinderen diepgaand worden beïnvloed door de atmosfeer waarmee ze worden omgeven. Een heerlijk voorbeeld hiervan vond plaats met een paar kinderen bij Amma. Ze vroegen elkaar hoeveel ijsjes ze elke week aten en besloten dat twee echt genoeg was. Ze gebruikten het geld dat ze uitspaarden door minder ijsjes te kopen om iets te kopen voor minder bevoorrechte kindcren. Alleen maar in de buurt van Amma zijn inspireert ons om te geven, hetgeen het echte doel is van alle spirituele oefeningen.

Soms komen de ashramkinderen naar me toe en zeggen: 'Kijk hoeveel mantra's ik heb gedaan!' Een jong kind deed onlangs dat en zei: 'Kijk!' terwijl hij een digitale mantrateller voor mijn neus hield. Het nummer dat getoond werd was 8.888. Ik was erg onder de indruk.

Ik vroeg hem: 'Heb je je mantra bij elk nummer herhaald?'

'Ja!' antwoordde de kleine zesjarige onschuldig.

De toewijding die kinderen van Amma leren is een prachtig verschijnsel en zeer belangrijk in de wereld van vandaag. Toewijding leidt naar het verlangen om lief te hebben en de maatschappij en Moeder Natuur te dienen vanaf een jonge ontvankelijke leeftijd. Deze houding van dienstbaarheid moet gevoed worden zodat toekomstige generaties kunnen overleven.

Sommige mensen kunnen het gevoel hebben dat ze geen tijd hebben om voor anderen te werken omdat hun agenda vol staat met werk en familiebezigheden. Hoe kunnen ze dienstbaarheid inpassen als ze geen tijd beschikbaar hebben? Amma geeft het voorbeeld dat je als je drie kinderen hebt, eenvoudigweg iets onbaatzuchtigs voor anderen kunt doen alsof het je vierde kind is. Je bent in staat om voor al je kinderen te zorgen, ongeacht hoeveel het er zijn. Op deze wijze moeten we ook een beetje tijd vinden om onbaatzuchtig dienen in onze drukke agenda in te passen.

Misschien denken we dat onze seva er niet echt toe doet, dat het niet zo belangrijk is of dat er andere mensen zijn die het doen, maar eigenlijk is het ons meest waardevolle gereedschap. Seva brengt ons voorbij alleen aan onszelf denken en wat wij willen. Dit handelen, gekoppeld aan de juiste houding en Amma's genade, kan ons naar het uiteindelijke doel leiden.

Een man vertelde me een keer verontwaardigd hoe ongelukkig hij was met zijn seva: 'Ik kwam naar Amma's ashram om spiritueel vooruit te gaan voor het welzijn van de mensheid. En dan wordt me gevraagd om huishoudelijke klusjes te doen zoals afwassen en vuil verwerken. Ik ben een professional en zeer creatief. Ik voel me beledigd als mij gevraagd wordt mijn sadhanaschema aan te passen en klussen te doen waar ik een hekel aan heb.'

Ik vertelde hem dat als hij zo professioneel was met wat hij deed in de wereld, het misschien het goddelijke plan voor hem was om een beetje nederigheid te leren door deze andere taken te doen. Alles in het leven overkomt ons precies zoals we het nodig hebben. Er is geen vergissing in de manier waarop de cyclus van het leven zich aan ons presenteert, zelfs als het in de vorm komt van de sevadesk die je achtervolgt om dienstbaar te zijn terwijl je liever andere soorten sadhana (of iets leukers) wil doen.

Als we gaan mediteren, zijn zelfs de gedachten die in ons opkomen, vormen van activiteit. Als we mediteren, verrichten we nog steeds handelingen. Waarom proberen we niet om tegelijkertijd onbaatzuchtig te dienen, wat ons de zegening van genade zal brengen?

Als het nodig is, kunnen we proberen onze houding aan te passen om klaar te staan en blij te zijn om alles te doen om anderen te helpen. Amma heeft geen mensen nodig die naast haar zitten en haar een doek voor haar gezicht aanreiken, zoals ik doe. Dat werkje wordt al gedaan, maar tal van andere dingen moeten gedaan worden. Als ze niet worden gedaan, zal Amma vaak de eerste zijn om langs te komen om te doen wat nodig is. Ze werkt altijd hard, geeft belangeloos en probeert ons te inspireren om hetzelfde te doen.

Op een avond na de bhajans vertelde Amma me hoeveel pijn ze ervoer. Ze bleef zeggen dat ze zich helemaal niet goed voelde. Ik voelde me zo verdrietig voor haar, maar er was niets wat ik kon doen om te helpen, dus na onze conversatie ging ik naar mijn kamer beneden om seva te doen. Plotseling hoorde ik iedereen rondrennen en roepen: 'Stenenseva!'

Ik dacht bij mezelf: 'Wel, Amma zal zeker niet komen. Ze voelt zich niet goed.' Het volgende wat ik hoorde was dat Amma buiten was en blijmoedig stenen sjouwde (meer stenen dan iedereen trouwens!). Soms is ze als een kind dat afgeleid kan worden en gemakkelijk gewezen kan worden op haar favoriete bezigheid: dienstbaarheid.

Er is een klein vierjarig jongetje in Canada dat graag seva doet. Op een dag droeg hij zijn volwasssenenschort (die over de grond sleepte) toen Amma langsliep. Hij bood zijn pranams aan en Amma draaide zich naar hem om en zei: 'Seva, seva, seva!' Ze was zo blij te zien dat hij seva deed (en hij zag er zo schattig uit in zijn enorme schort) dat ze hem een kus gaf.

Amma vertelt vaak over kinderen die graag helpen. Ze is trots en altijd uitzonderlijk blij als ze hen hard ziet werken met de juiste houding, waarbij ze iets praktisch doen om anderen te helpen. Seva stelt kinderen ook in staat om vaardigheden voor de toekomst te leren terwijl ze liefde en mededogen in hun hart ontwikkelen. Als we vreugde vinden in goede dingen doen, zullen we echt geluk in ons vinden. Seva is een van de grootste geschenken.

Spiritualiteit is totale bruikbaarheid. Als Amma ergens een nood opmerkt, staat ze altijd klaar om deze te lenigen. Dat is waar het echt om gaat: zien wat nodig is en erin duiken om met een liefhebbend hart te helpen. We hebben zoveel geluk wanneer we de gelegenheid hebben te dienen, maar het is aan ons om dit als een zegen te zien. Als je denkt: 'Ik wil dit niet doen,' dan zul je je geest op de een of andere manier moeten overtuigen om zijn houding te veranderen. Als je het kunt, zul je van absoluut alles kunnen genieten. Niemand kan je dwingen om te genieten van het dienen van anderen; het zal vanuit je eigen hart moeten ontstaan.

Talloze zoekers hebben boeken over spiritualiteit en verschillende scholen van filosofie gelezen, maar hoeveel zijn er bereid om te doen wat nodig is? Hoeveel mensen zijn echt voorbereid tot de meest extreme vormen van nederigheid en dienstbaarheid? In werkelijkheid helemaal niet zo veel, maar wat kan er verhevener zijn dan dat?

Waar ter wereld je ook bent, als je de onschuldige houding hebt om alles wat je doet aan God te wijden en zo dienstbaar mogelijk te zijn, zal genade beslist tot je komen. Het prachtige instrument van dienstbaarheid is een van de grootste vreugdes die ik in mijn leven heb gevonden. Liefde is het enige doel van het leven en onzelfzuchtige dienstverlening is het prachtige kanaal waardoor liefde stroomt.

63

Hoofdstuk 8

Het geheim van geluk

Als je degenen die arm zijn helpt, zal zelfzuchtigheid wegvallen, en zonder het zelfs op te merken zul je je eigen vervulling vinden.'

— *Amma*

Als we geven, voelen we ons altijd buitengewoon goed. Vrijwilligers van charitatieve organisaties en donors aan alle soorten filantropische verenigingen kennen de vreugde van een verruimde geest. Er wordt gezegd dat geld geen geluk kan kopen, maar het is een bewezen feit dat als je ernaar streeft om edelmoedig te geven, je inderdaad grip kunt krijgen op dat niet te vatten geluk waarnaar iedereen op zoek is. Als we onze eigen verlangens kunnen vergeten en er toe komen om anderen te helpen, geeft dit een zeer hoog niveau van bevrediging in ons leven. In essentie komt het erop neer: hoe meer mensen geven, hoe gelukkiger ze worden.

Een jongedame vertelde tijdens een familiebijeenkomst iedereen dat ze een erg prachtig hart had. Iedereen om haar heen bewonderde haar volmaakte, ronde, gladde, stralende hart. Ze was zo trots dat ze hierover opschepte.

Plotseling riep de schelle stem van een oude dame dat haar hart veel mooier was. Alle gasten lachten toen ze het hart van de oude dame zagen. Het was toegetakeld, vol met pleisters en open wonden. Stukjes waren weggesneden en op andere plekken waren ongelijke stukjes ingepast. De jongedame lachte en zei: 'Hoe kunt u uw oude, vervormde en verscheurde hart vergelijken met mijn volmaakte hart?'

De oude vrouw antwoordde: 'Ik geef toe dat jouw hart volmaakt is, maar het is niet mooi. Ieder litteken dat je in mijn hart ziet vertegenwoordigt iemand aan wie ik mijn hart heb gegeven. Soms geven ze mij een stuk van hun hart, maar niet altijd. Daarom zijn er zoveel plekken waar de stukjes niet helemaal passen. Maar ik koester ze omdat ze me doen denken aan de liefde en mooie herinneringen die we deelden. Deze open wonden zijn pijnlijk omdat sommige mensen nooit hun hart teruggaven, maar ik wacht in de hoop dat ze op een dag de waarde van liefde zullen begrijpen.'

Het jonge meisje huilde en liep naar de oude vrouw toe. Ze sneed een stuk uit haar volmaakte hart en vulde een gat in het hart van de oude vrouw. Ze keek naar haar eigen hart, dat niet zo 'volmaakt' meer was, maar veel 'mooier'.

Zo nu en dan ontmoeten we heldhaftige geesten die ons sterk inspireren. De lerares van een klas van veertienjarige jongens was ontroerd door de toestand van een van haar leerlingen, een jongen die op sterven lag door het uitblijven van een niertransplantatie. Deze vrouw vertelde de familie van de jongen dat ze hem een van haar eigen nieren wilde geven als ze daarvoor geschikt was. Dit was het geval en zo geschiedde.

Een paar jaar geleden tijdens de Kerst in Philadelphia kwam een echtpaar een restaurant binnen, genoot van hun ontbijt en deed toen iets zeer ongebruikelijk. Ze betaalden het dubbele bedrag van hun eigen maaltijd en stonden erop de rekening van de klanten aan de tafel naast hen te betalen, hoewel zij totale vreemdelingen waren. Ze wilden geen compliment of teken van waardering en ze lieten geen namen achter. Ze wilden gewoon iets aardigs doen. Ze zeiden tegen de serveerster om de mensen gewoon een 'Gelukkig Kerstfeest' te wensen.

De goede daad hield daar niet op. De klanten die dit aardige gebaar ontvingen, werden geïnspireerd om dit voort te zetten. Ze betaalden voor de maaltijden van anderen en lieten ook fooien voor alle serveersters achter. Elke ontvanger was zo verbaasd dat ze een gratis maaltijd kregen, dat ze erop stonden de zegening door te geven. Het ging zo uren door, het hele restaurant door zoals een domino-effect.

De serveersters die op die dag in het restaurant werkten, hadden nog nooit zo iets meegemaakt in alle jaren dat ze er hadden gewerkt. Tranen sprongen in hun ogen, toen ze stilstonden bij de prachtige kettingreactie van edelmoedigheid waar ze de volgende vijf uur getuige van waren. Zoals een rimpeling in een meer die verder en verder reist, is ook het domino-effect dat we kunnen creëren als we een onzelfzuchtig voorbeeld stellen en aardige dingen voor anderen doen.

Eenzaamheid ontstaat als we alleen aan onszelf denken. Als we te krampachtig vasthouden aan wat we willen, zullen we ons altijd leeg voelen, zelfs als onze zakken gevuld zijn. Een huis vol ontelbare schatten kan ons hart niet bevredigen. Onze bezittingen kunnen meer worden; onze bankrekening kan overstromen, maar als we blind zelfzuchtige verlangens navolgen, zal onze geest zich slechts met meer verlangens vullen. We kunnen alles krijgen wat we willen van de wereld, maar als we alleen maar onze zelfzuchtigheid volgen, zal geluk ons ontwijken. We zullen altijd voelen dat er iets ontbreekt. Totdat we leren geven, zullen onze verlangens nooit weggaan.

Mensen vragen zich vaak af: 'Wat zal ik krijgen in dit leven?' Maar dit is niet de houding die Amma aanmoedigt. Integendeel, ze inspireert ons om iets geweldigs te scheppen door onze talenten te ontdekken en ze te gebruiken om te dienen. Anderen helpen brengt de hoogste vreugde en vervult de betekenis en het doel van ons leven. Dat is het doel van het leven.

Verlangens leiden ons af van echt geluk. Als we onze verlangens vervullen, zal dit ze niet laten verdwijnen. In plaats daarvan vermenigvuldigen ze zich en zullen ze zeker terugkomen. Neem bijvoorbeeld de obsessie van zoveel mensen voor de laatste technologische snufjes. We krijgen een spiksplinternieuwe telefoon en zijn er zo blij mee, maar zes maanden later komt het volgende model uit. Het is dunner, lichter, heeft meer pixels, meer apps, meer spelletjes. En nu willen we die hebben. We denken: 'Deze oude telefoon geeft me niet langer de vreugde die hij me verschafte toen ik hem kocht. Ik weet dat ik gelukkiger zal zijn met een nieuwe!' Het probleem is dat we de geest geen vervulling kunnen bieden en er zullen steeds nieuwe gedachten en verlangens opkomen.

Als we onze verlangens vereenvoudigen, zullen we gelukkig zijn zelfs als we minder hebben. Het is goed te bidden voor hulp om onze verlangens te overstijgen. Dit is moeilijk omdat de geest altijd in beweging is, maar daarom herhalen we onze mantra en leven een evenwichtig leven met meditatie en andere spirituele oefeningen. Als we ons aan een spirituele discipline vasthouden, zullen onze verlangens afnemen en zullen we vrede vinden.

Er zijn in de wereld zoveel mensen die nemen, maar het is veel beter om te geven. Alleen dan zullen we echte vreugde ontdekken. Genade komt door het doen van goede daden met een onzelfzuchtige houding. Als we iets goeds met een onzelfzuchtige houding proberen te doen, dan zullen we de goddelijke genade ervaren waar we ook zijn in de wereld.

Vergeet jezelf in onbaatzuchtige dienstverlening. Als we ons niet richten op onze eigen bevrijding, maar ons wijden aan het dienen van anderen, zal goddelijke genade komen en ons overspoelen als een rivier. We zullen de levensveranderende beloning van zuivering ontvangen en dan uiteindelijk zal genade ons naar het doel leiden.

Hoofdstuk 9

Hou van Amma in iedereen

God plus geest is mens. Mens min geest is God.

— Anonymus

Als mensen met elkaar trouwen, zeggen ze tegen elkaar: 'Ik hou van jou, ik hou van jou. Ik beloof bij je te blijven totdat de dood ons scheidt.' Als het vervolgens moeilijk wordt, vergeten ze hun beloften. Zo diep is onze liefde tegenwoordig. Als liefde echter de stevig gewortelde basis van ons leven wordt, zal het heerlijk ruikende bloesems voortbrengen. We zullen zoals bloeiende jasmijnplanten worden die hun exquise geur aan de wereld afgeven. Iedereen die we tegenkomen kan genieten van de schoonheid van deze bloem van liefde.

Waar we ook gaan, iedereen probeert Amma's hand aan te raken terwijl ze roepen: 'Ik hou van u, ik hou van u, ik hou van u, Amma.' Als je echt van

Amma houdt, moet je het niet alleen zeggen, maar moet je die liefde in praktijk brengen. Liefde moet zoals een werkwoord zijn, niet slechts een woord dat we te pas en te onpas zonder na te denken gebruiken. Als je je liefde omzet in daden, zul je de blijvende ervaring en inherente transformerende kracht ervaren. Zonder daden is 'liefde' als fruit dat van was is gemaakt, dat er mooi uitziet maar ons niet kan voeden. Het is slechts een lege, decoratieve laag van een woord.

Als we iets met liefde doen, zullen we steeds verder uit het lijden worden opgetild naar een vredigere plaats waar genade zich ontvouwt. In plaats van te kijken en slechts één dimensie van Amma te zien, zal haar echte essentie worden getoond en zal de grootsheid van liefde worden ontsluierd.

Een toegewijde vertelt een verhaal:

'Op een keer toen ik voor darshan ging, had ik een enorm verlangen in mijn hart om dicht bij Amma te zijn. Ik vroeg haar via een briefje: 'Amma, hoe kan ik dichter bij u komen?' Amma staarde diep in mijn ogen. Ze keek me aan en hield me lange tijd vast. Toen ik na de darshan

74

ging zitten, sloot ik mijn ogen en alles wat ik zag was Amma, overal. Ik zag Amma in een moeder die van haar kind hield, in de persoon die een bedelaar hielp, in vrienden die liefde en ondersteuning gaven in tijden van nood. Overal waar liefde is, daar is Amma. Ik wilde mijn ogen niet open doen omdat ik bang was dat ik dan afgeleid zou worden door haar vorm. Ik besefte dat ze zo veel groter is dan haar lichaam. De ervaring leek eeuwig te duren. Ze toonde me waar ze was in elk van mijn donkerste momenten, waarbij ze liet zien dat ze me gesteund en vastgehouden had in mijn hele leven. Ze liet me zien dat Amma overal liefde is, in alles. Ik weet nu dat elke keer als ik liefde van iemand ervaar, dat het Amma is die van me houdt. Amma is liefde in zijn puurste vorm. Als ik Amma wil voelen hoef ik ook alleen maar liefde te worden. Ik wil een daad van liefde worden.'

Amma heeft niets van ons nodig, maar ze zou erg gelukkig zijn als we haar leringen echt in praktijk zouden brengen. We willen haar altijd gelukkig maken, maar hoe kunnen we dat doen? We moeten iets doen wat belangrijk zal zijn: we moeten van andere mensen houden zoals we van Amma houden.

Het is zo gemakkelijk om van Amma te houden. Het is helemaal niet moeilijk omdat ze zo onweerstaanbaar is. Voor toegewijden is ze het prachtigste wezen op aarde, de bekoorlijkste, grappigste en meest dienstbare op elk gebied. Amma wint altijd de eerste prijs. Ik ben niet verrast als mensen zeggen dat ze zoveel van haar houden omdat Amma absoluut geweldig is. Iedereen met zelfs een klein beetje gezond verstand kan haar grootsheid herkennen. In plaats van alleen van Amma's vorm te houden, moeten we proberen onze liefde om te zetten in een oefening waarbij we iedereen zien en liefhebben zoals Amma dat doet. Wel, dat zal echt iets geweldig zijn (en aanzienlijk uitdagender)!

Jezus zegt in de bijbel: 'Houd van iedereen zoals ik van jou heb gehouden.' De essentie van alle religies zegt precies hetzelfde: God is liefde. Het is onze plicht om ernaar te streven om ook liefde te worden. Amma wil dat we van elkaar houden zoals Zij van ons houdt.

De praktische wijze waarop Amma zich in de wereld beweegt is het ultieme levende voorbeeld voor ons. Bij alles wat ze moet aanpakken, bij alle grote problemen die ontstaan bij het dienen van miljoenen mensen, is ze toch in staat om van iedereen te houden. Dit is omdat ze zichzelf in ieder van ons ziet en de waarheid kent dat deze wereld slechts een goddelijke manifestatie is. Ze ziet iedereen als haar eigen weerkaatsing in een spiegel. Waar wij dit als waarheid kunnen aannemen en het intellectueel begrijpen, *leeft* Amma heel letterlijk die ervaring.

Ze herinnert ons er vaak aan: 'Volgens de Indiase filosofie is er geen verschil tussen de schepping en de schepper; zij zijn één en het-zelfde, net zoals er geen verschil is tussen goud en gouden sieraden.' Amma zegt dat vedanta de opperste waarheid is: alles is God. Dit is het ultieme begrip. Maar vooral door *bhakti* (toe-wijding) kunnen we betere mensen worden door goede eigenschappen zoals mededogen en het verlangen om mensen in nood te dienen. Als we echt van God houden, zullen we mededogen met de hele wereld hebben. De trillingen die teweeg worden gebracht door onbaatzuchtige daden die voortkomen uit liefde, zegenen de omgeving en iedereen in de buurt. Dit verklaart waarom er een tastbare vibratie is die we rond grote spirituele meesters kunnen voelen als we gevoelig genoeg zijn.

Een paar jaar geleden was een journalist nieuwsgierig naar wat Amma in haar vrije tijd deed. Dus vroeg hij haar: 'Wat doet u als u alleen bent?' Iedereen lachte want we wisten het antwoord al: Amma is nooit alleen! Ze is altijd omringd door mensen, zelfs in haar kamer. Er zijn talloze projectvergaderingen, iemand die langs komt, of in ieder geval haar assistent die altijd bij haar is. Amma heeft geen privéleven. Ze is nooit alleen.

Tot onze verrassing antwoordde Amma helder en eenvoudig: 'Ik ben altijd alleen.'

'Ik geloof u niet!' antwoordde hij. 'Ik bedoel, wat doet u als al deze mensen niet bij u zijn?'

Ze herhaalde: 'Ik ben altijd alleen. Of er veel mensen zijn of er niemand is, ik ben alleen. Ik zie alles als een uitbreiding van mezelf; het is allemaal één bewustzijn.'

Hij begreep het nog steeds niet dus hij noemde wat alternatieven: 'Als u alleen bent, leest u dan boeken of surft u op het internet?' Er was veel gelach van degenen die Amma goed kenden. Amma op het web? Kun je het je voorstellen? Natuurlijk niet.

Ze antwoordde kalm: 'Het externe internet is een manifestatie van het interne internet. Ik heb het opperste internet in me, dus surf ik daar.' Amma ziet alles als een manifestatie van God, van haar hoogste Zelf. Er is niets van haar gescheiden.

We moeten proberen de wereld te zien zoals Amma. In de begintijd ging ik nooit vaak voor darshan maar als ik anderen darshan zag ontvangen, stelde ik me vaak voor als degene die in Amma's armen lag en voelde ik me gelukkig. Als we jaloezie kunnen overwinnen en ons *voelen* alsof wij de persoon zijn die liefde van Amma ontvangt en blij voor hen zijn, dan zal ons leven diepgaand verrijkt worden. We zullen dat gevoel dat iedereen hoe dan ook met elkaar verbonden is moeten delen. In werkelijkheid *zijn* we iedereen.

Amma deelt haar leven, wijsheid en oneindige mededogen met iedereen die er deel aan wil nemen. Ze versmelt totaal met ons als ze ons aanraakt, met ons lacht of voor ons zingt. Ze ziet iedereen als een uitbreiding van zichzelf. Amma is niet slechts een gewoon mens. Ze is een belichaming van liefde van de hoogste graad.

Hoofdstuk 10

Onthechting is vermomde liefde

'De hele wereld en alles daarin zijn
om er gebruik van te maken, niet om
te bezitten. We hebben vergeten hoe
we de wereld moeten gebruiken en we
verwachten er daarom geluk van.'

– Amma

Zuivere vreugde komt voort uit belangeloos geven en een vredige geest komt voort uit het dienen van anderen zonder beloning te verwachten. Idealiter willen we door het leven gaan door van iedereen te houden maar ook een beetje onthecht te blijven. Als we geluk proberen te vinden in de wereld buiten ons, waartoe we vaak geneigd zijn, zullen we teleurgesteld raken en slechts frustratie en zorgen ervaren. Blijvend geluk kan alleen door mededogen en onthechting bereikt worden.

De meeste mensen begrijpen de echte betekenis van onthechting verkeerd. Het betekent niet vermijden van spullen of afzien van hun gebruik. Het betekent niet het ontkennen van liefde en nabijheid in relaties (en het betekent zeker niet afzien van chocola!). Ware onthechting is een diep en vol gevoel van mededogen. Het is het fundament van oprechte liefde, het is onzelfzuchtig en het betekent volledig begrip van de fundamentele aard van een object of relatie. Onthechting betekent beseffen dat mensen en objecten ons geen blijvend geluk kunnen geven.

Als we ons voelen aangetrokken tot iets of iemand, verwachten we door die persoon of dat object geluk te verkrijgen. Deze misvatting leidt tot verwachtingen en verlangens. Uiteindelijk leidt elke gehechtheid tot een of andere vorm van lijden (in het bijzonder als we teveel chocola eten!). Als we iets van iemand willen, ervaren we gehechtheid, geen liefde. Wat we vaak 'liefde' noemen is in werkelijkheid een vorm van onderhandelen: 'Jij geeft me wat ik wil en ik geef jou wat jij wil.' Ware onthechting biedt ons de mogelijkheid onvoorwaardelijk lief te hebben en te dienen zonder er iets voor terug te verlangen. Echt van anderen houden is een buitengewoon moeilijke opdracht.

Toen de ashrambewoners huizen voor de armen gingen bouwen, vooral na de Indiase tsunami van 2006, maakten ze vaak moeilijkheden mee zoals verbaal geweld en pesterijen van mensen die zij probeerden te helpen. Toen ze naar de ashram terugkeerden en Amma over hun moeilijkheden vertelden, klaagden ze: 'Amma, waarom moeten we zulke mensen helpen? Ze steken geen vinger uit om zelfs maar met de geringste taak te helpen. Ze waarderen ons werk helemaal niet!' Amma legde hun uit dat deze mensen gewoon hun aard lieten zien. In antwoord hierop zouden de ashrambewoners, als spirituele zoekers, hun aard ook moeten laten zien. Ze zouden de goede waarden die Amma hun geleerd heeft moeten uitdragen.

Er is een traditioneel verhaal over een man die blijft proberen om een schorpioen van de verdrinkingsdood te redden. Iedere keer dat hij zijn hand in het water steekt om hem te redden, wordt hij gestoken. Iemand vraagt hem waarom hij blijft proberen het dier dat hem voortdurend pijn doet te redden. Hij antwoordt dat het de aard van de schorpioen is om te steken, maar dat het zijn aard is ondanks alles te blijven proberen hulp te bieden. Hij weet dat anderen helpen de weg naar de hemel is.

Als we waardering verwachten voor alle goede dingen die we doen, zullen we voortdurend teleurgesteld worden. Daarom moeten we voldoening vinden in de simpele daad om het juiste te doen. Met enthousiasme en de juiste houding kan elke daad die we verrichten een prachtige ervaring worden. Zelfs als niemand het ooit ziet of weet, zullen we de vreugde genieten van het doen van iets goeds.

Vasthouden aan mensen en willen dat ze ons mogen is een vorm van gehechtheid die uiteindelijk teleurstelling brengt. Amma laat ons door haar eigen leven zien hoe je mededogen voor iedereen moet hebben, zelfs voor hen die wreed voor ons zijn. Ze biedt alleen liefde en vergeving, zelfs aan hen die in het openbaar over haar gelogen hebben of hebben geprobeerd om haar te doden. Ze leert ons hoe we van iedereen kunnen houden, ongeacht hoe zij over ons denken. Zo veel onthechting hebben is geen gemakkelijke opgave.

Van iedereen houden betekent niet iedereen blind vertrouwen; we moeten wel ons onderscheidingsvermogen gebruiken. Een jongeman kwam bij me en vertelde een gebeurtenis die hem op een avond in Mumbai was overkomen. Hij was een beetje onzeker of hij wel of niet het juiste had gedaan. Een dief kwam op straat naar hem toe, zette een mes op zijn keel en eiste dat hij al zijn geld gaf. In plaats van te doen wat de dief zei, greep hij het mes, stompte hem in zijn gezicht (waarbij hij zijn neus brak), rende hard weg en hield het mes als een souvenir. Ik verzekerde hem dat hij in dit geval precies het goede had gedaan.

Soms is het belangrijk om terug te vechten voor het goede doel. Er zullen zeker hindernissen verschijnen in het leven. We moeten de correcte mentale houding handhaven en leren hoe we er op de juiste manier mee om moeten gaan. In dit geval was de man niet boos geweest op de dief die hem probeerde te beroven; eigenlijk was zich verdedigen de meest meedogende daad die hij kon kiezen. Misschien inspireerde het de dief om diep na te denken of hij wel of niet met zijn slechte carrièrekeuze moest doorgaan.

We moeten de ware natuur van mensen proberen te begrijpen. Als we eraan denken dat alle mensen gebreken hebben, wordt het gemakkelijker om te vergeven en mededogen voor anderen te hebben, in plaats van hen te bekritiseren of veroordelen voor hun beperkingen. Als we dit begrip kunnen handhaven, zal het ons helpen om empathisch voor iedereen te zijn en ons uiteindelijk leiden naar de hoogste staat van onzelfzuchtige liefde.

Omdat Amma's ashram een heilige plaats is, denken sommige mensen die daar komen, dat iedereen rustig en aardig is en altijd verdiept in zijn spirituele oefeningen. Dat lijkt misschien waar te zijn, totdat je in de rij staat voor een kop thee. Daar kun je een minder dan heilig gedrag zien. Als onze verlangens worden geblokkeerd, ontstaat er boosheid vanuit het ego. We moeten begrijpen dat dit de aard van het ego is en de aard van de wereld. Onze gezichten worden chagrijnig als verlangens gaan opspelen.

Amma zegt: 'We moeten niet proberen om een kikker in een olifant of een olifant in een kikker te veranderen. Probeer anderen te zien zoals ze zijn, niet zoals we willen dat ze zijn. Als we naar een dierentuin gaan, zijn er wilde dieren, leeuwen en tijgers. We komen niet dicht bij die dieren maar blijven er ver vandaan en genieten ervan. Als we te dichtbij komen, is het gevaarlijk. Evenzo moeten we altijd een afstand van binnen bewaren, waarbij we ons afscheiden van wat er gebeurt en proberen er getuige van te worden. Op deze manier kunnen we van binnen kalm en vredig blijven ongeacht de externe omstandigheden.'

Als we van binnen onthechting kunnen bewaren, kunnen we van de wereld genieten zonder nadelig te worden beïnvloed door de voor- en tegenspoed ervan. Er zullen altijd mensen zijn van wie we houden en die ongelofelijk aardig voor ons zijn en anderen aan wie we een hekel hebben omdat ze moeilijk in de omgang zijn. We zullen het gemakkelijker vinden om mee te voelen met degenen aan wie we een hekel hebben als we hun geschiedenis onderzoeken waarbij we proberen hun problemen, pijn en lijden te begrijpen. Dit proces zal ons inherent mededogen naar voren brengen en het laten groeien. Als we de mensen die ons van streek maken leren kennen, zullen we vaak zien dat ze een uitzonderlijk verdrietige en moeilijke achtergrond hadden.

Meestal zijn we ons er niet van bewust hoe diep andere mensen lijden en beoordelen we hen verkeerd. Misschien zijn degenen die moeilijk doen mishandeld of hebben ze niet genoeg liefde van hun ouders gekregen. Amma zegt dat een baby zelfs in de baarmoeder misvormd wordt, als er geen liefdevolle intenties achter zijn schepping zaten. Misschien had die persoon ouders die alcoholist of drugsverslaafd waren. Deze kinderen dragen vaak tijdens hun hele leven langdurige wonden met zich mee. Als we situaties vanuit een breder perspectief kunnen begrijpen, kunnen we ons bevrijden van de ketenen van gehechtheid die voortkomen uit onze oordelende wijze van denken.

Amma zegt ons: 'Wees geen camera. Wees als een spiegel.' Overdenk, laat los en wees onthecht. Amma raakt nooit verstrikt in negatieve emoties. Ze is een zuivere reflectie, is met liefde getuige en spiegelt ons naar onszelf terug.. Ze houdt zich aan niets vast maar laat alles door zich heengaan zonder te oordelen. Wij, aan de andere kant, zijn meer zoals camera's die foto's nemen van elke aparte scène om als bewijs te gebruiken. De ongelofelijke vrijheid die uit onthechting voorkomt, stelt Amma in staat om te doen wat niemand anders kan: ieder van ons onvoorwaardelijk liefhebben en duizenden mensen omhelzen, de een na de ander.

Terwijl we in de wereld verkeren, moeten we anderen goed leren begrijpen en van iedereen houden zonder enige beloning te verwachten. Amma vraagt ons de situaties van mensen te begrijpen, hun omstandigheden en hun mentale geaardheid en hen dan te dienen.

Hoofdstuk 11

Innerlijke vrijheid scheppen

'Haat houdt nooit op door haat, maar wordt alleen door liefde geheeld.'

— *Boeddhistisch vers*

Als we de negatieve ervaringen die ons in het verleden zijn overkomen niet los kunnen laten, zullen we nooit kunnen groeien. Slechts door vergeving kunnen we onze pijn helen. Mensen doen ons voornamelijk pijn omdat ze zelf lijden. Als we een meedogende visie ontwikkelen om verder dan de buitenkant te kijken, zullen we de verreikende effecten van pijn in talloze levens opmerken. Deze cyclus van pijn zal doorgaan totdat we ons losmaken van de slavernij van mentale concepten en leren te vergeven. Er is een edelmoedig persoon voor nodig om te vergeven, in het bijzonder als iemand anders iets fout doet.

Goddelijke vergelding zal ongetwijfeld plaatsvinden bij degenen die ons pijn hebben gedaan. Wij mogen niets te maken hebben met doelbewust zelf vergelding nemen. Het is schadelijk om wraak te verlangen of om mensen te straffen voor de manieren waarop ze ons pijn hebben gedaan. Iedereen draait rond in zijn eigen karmische cyclus. Alle pijn die we anderen aandoen zal een keer bij ons terugkomen. Dus waarom zouden we onszelf in de toekomst pijn doen door wraak te zoeken? Laat ons eenvoudig leren van onze eigen moeilijke ervaringen. Wie weet wat we in andere levens hebben gedaan om lijden over onszelf af te roepen?

Amma geeft als voorbeeld: als we in het donker lopen en over een doornstruik of prikkeldraad struikelen, zullen we ons bezeren. In plaats van het los te laten en ons te concentreren op het genezen van de pijn, blijven we het prikkeldraad vasthouden en schreeuwen: 'Je doet me pijn, laat me los, laat me gaan!' In feite zijn wij degenen die vasthouden. Zelfs als het alleen maar goed voor ons is, zijn we niet klaar om onze greep op de pijn die we zelf veroorzaken los te laten. Op een dag zullen we alles los moeten laten. Waarom doen we het niet eerder in plaats van later, nadat we zo getekend zijn door zoveel zelf teweeggebrachte pijn en trauma's? Waarom niet vergeven en vrij zijn?

Het is voor onze eigen bestwil dat we leren te vergeven. Wat betreft de pijn die we moesten ervaren zullen we misschien nooit begrijpen waarom die moest plaatsvinden. Er zijn zaken in het leven die we nooit zullen begrijpen, sommige dingen kunnen we zelfs niet proberen te doorgronden. Om ons te genezen moeten we accepteren dat deze pijn ons *karma* (wet van actie en reactie) was dat naar ons terugkwam en moeten we degenen die de goddelijke instrumenten waren die de boodschap afleverden, vergeven.

Op een middag gaf Amma op het strand bij Amritapuri een satsang over het aanstaande Nieuwjaar. Ze zei dat we in plaats van goede voornemens te maken, ons in moesten spannen om te vergeven. Als we in ruzies zijn betrokken of niet meer met iemand praten, moeten wij degenen zijn die verontschuldigingen aanbieden en vergeving vragen. Ze heeft deze satsang bij een aantal gelegenheden gegeven en ons verteld dat als we ons vervreemd hebben van familieleden, wij degenen moeten zijn die een gebaar moeten maken en moeten vergeven. Tijdens deze specifieke gelegenheid besefte een toegewijde met tegenzin wat hij moest doen.

Tijdens de satsang nog zond hij met zijn mobieltje een email naar zijn stiefvader en verontschuldigde zich voor de slechte relatie die ze hadden. Hij vroeg om vergeving en zei dat hij graag opnieuw wilde beginnen, hoewel ze al twintig jaar niet goed met elkaar konden opschieten. Zijn stiefvader raakte heel erg ontroerd en overweldigd door vreugde. Hij ging onmiddellijk akkoord met een nieuwe start. Toen deze toegewijde terugging om zijn moeder en stiefvader een paar maanden later op te zoeken, kwam hij erachter dat bij zijn stiefvader kanker in een terminale fase was vastgesteld en hij nog maar een paar maanden te leven had.

De relatie die uit hun verzoening opbloeide leidde ertoe dat de toegewijde de verzorger van zijn stiefvader werd tijdens de laatste maanden van zijn leven. Aan het einde, was deze toegewijde degene die aan het bed van zijn stiefvader zat en zijn hand vasthield toen hij overging naar de dood. Hun heling samen leidde tot een kostbare relatie die voor hen beiden een verbazingwekkende spirituele reis werd.

We moeten leren bidden voor degenen die ons pijn doen. Bid dat wij in staat zijn om hen te vergeven en dat zij in staat zijn de pijn en het lijden te dragen dat ze moeten doormaken vanwege hun handelingen. Laat de 'doornstruik' los en omhels vergeving. Als je dit kunt, zal het leven je ongetwijfeld met even veel liefde omhelzen.

Een andere toegewijde deelde haar ervaring na het volgen van Amma's advies tijdens de satsang.

'Mijn jongste broer werkte vele jaren in het Wereldhandelscentrum. Hij was in het gebouw op de dag van de aanslagen. Nadat het eerste vliegtuig het gebouw geraakt had, kon hij met een aantal collega's ontsnappen; zij maakten zich klaar om naar de tweede toren te gaan toen het tweede vliegtuig insloeg. Ze renden weg en ontsnapten opnieuw.

Communicatie was niet mogelijk dus we wisten de hele dag niet of hij het had overleefd. Na de aanslagen sprak mijn broer nooit over zijn pijn en trauma. Hij zocht nooit professionele hulpverlening, hij sprak er noch met zijn vrouw noch met mij over; hij probeerde gewoon te doen alsof het niet was gebeurd. Ik wist dat hij leed maar wist niet hoe ik hem kon helpen.

Amma leert ons om van onze familieleden te houden als ze lijden, maar mijn broer en ik hadden vijftien jaar geen regelmatig contact gehad. Er waren veel familieproblemen en dit leidde tot een grote verwijdering tussen ons. Ik hoorde bij Amma's satsang dat we familieleden van wie we vervreemd waren moesten schrijven, dat we voor hen moesten bidden en voorzichtig onze liefde voor hen moesten overbrengen. Ze zei zelfs dat als je niet weet wat je moet zeggen, email of schrijf dan een kort briefje waarin je je liefdevolle bezorgdheid uitdrukt. Ze liet ons in de hal hardop zeggen dat we onze familieleden zouden schrijven. Dus ik

begon met schrijven. Dit was het begin
van twaalf jaar schrijven met mijn broer.

Elk jaar op 11 september sms'te ik
hem een korte tekst. Ik gaf blijk van mijn
liefde en begrip voor zijn pijn evenals
mijn dankbaarheid dat hij in leven was.
Ik vertelde hem dat ik er altijd voor hem
ben als hij wil praten.

Jaar na jaar verstreek maar hij rea-
geerde nooit. Amma leert ons om lief te
hebben zonder verwachtingen. En dus
stuurde ik hem elk jaar een bericht en
ging door met bidden. Op 11 september
een paar jaar geleden voelde ik mijn telefoon trillen. Ik keek en voor de eerste keer
in jaren was er een sms van mijn broer.
Hij had alle sms'jes die ik het afgelopen
decennium had gestuurd doorgestuurd
met een bericht dat luidde: 'Ik heb je
sms'jes elk jaar bewaard en het hele jaar
door gelezen. Je hebt geen idee hoeveel
ze al die tijd voor me betekend hebben.'

Ik bladerde ze door en las de berich-
ten die ik hem eens per jaar, jaar na jaar,
gestuurd had zonder te weten of hij ze

gelezen had, of hij ze leuk vond of dat ze hem troost hadden geboden. Ik begon te huilen. Amma had me laten zien dat liefde en verzoening zelfs krachtiger zijn dan de pijn van terreur. Zoals waterdruppels op een rots zal liefde uiteindelijk winnen.'

We hebben een keuze in het leven: of we vervallen in meer lijden of we klimmen omhoog naar vergeving en innerlijke vrede. We moeten ongelofelijk dapper en nederig zijn om de weg van vergeving te gaan; de meeste mensen zijn nog niet klaar voor deze heroïsche onderneming. Een spirituele zoeker mag niet vergeten dat we slechts door vergeving op kunnen stijgen, hoewel het moeilijk kan zijn. Als je je aan het verleden vasthoudt, zal het je helemaal niet helpen. Als je vooruit wil gaan naar God, moet je leren te vergeven en vergeten.

Als mensen een plant mest geven, wat doet de plant dan? Hij absorbeert de mineralen van die stinkende voedingsstof en gebruikt ze om te groeien. Hij denkt niet: 'O, wat heb je me aangedaan?' De bloemen bloeien, nemen alleen de voedingsstoffen van de drek op en gebruiken deze om tot prachtige bloemen uit te bloeien. Evenzo kunnen we door vergeving prachtige spirituele bloemen worden die het zeldzame parfum van onzelfzuchtige liefde afscheiden.

Hoofdstuk 12

Altijd een beginneling

*'Om kritiek te ontlopen doe
niets, zeg niets, wees niets.'*

– Elbert Hubbard

Als we voor het eerst bij Amma komen, denken we misschien dat we behoorlijk volmaakt zijn en bijna op de drempel van Zelfrealisatie zijn aangekomen. Maar na enige tijd, naarmate de jaren voorbijgaan en anderen onvermijdelijk onze verborgen negativiteit naar boven brengen, beginnen we te ontdekken dat we toch niet zo volmaakt zijn als we aanvankelijk dachten. Zo ook kunnen we denken dat de keukenvloer schoon is, maar als we het met een nat doekje schoonvegen, komt allerlei vuil tevoorschijn. Als we eerlijk zijn tegenover onszelf, beginnen we te zien hoe ver we eigenlijk van volmaaktheid af zijn. We zijn terug bij de beginstreep, voor altijd een beginneling.

Onze gebreken opmerken is een goed startpunt op de weg naar nederigheid. Als de illusie van onze vriendelijkheid stukgeslagen is, kunnen we beginnen met het oprapen van de stukken, waarbij we eerlijker tegenover onszelf worden. Spirituele oefeningen zijn als een natte doek die de onzuiverheden van onze geest schoonmaakt. Ze helpen ons bewuster te worden, onze komedie te zuiveren en onszelf heel te maken.

Als we een vergissing begaan, moeten we niet stoppen; we moeten doorgaan en leren hoe de fout te corrigeren. Als we vallen moeten we niet op de grond blijven liggen en het daarbij laten. We moeten onszelf oprapen en kracht verzamelen om door te gaan. Amma zegt dat we zoals ijzervijlsel moeten zijn dat door een magneet wordt aangetrokken. Deze kracht om met God samen te smelten moet ons inspireren om na iedere val op te staan en door te gaan.

Iemand vertelde me onlangs dat ze zich triest en boos voelde omdat ze op haar kop gekregen had voor iets wat ze niet had gedaan. Hoewel ze niets verkeerd had gedaan, adviseerde ik haar om rustig te blijven en de schrobbering te accepteren, ofschoon de ander duidelijk fout zat en zij gelijk had. Ik kende degene met wie ze onenigheid had en ik voelde dat als zij hem ermee confronteerde, er geen eind aan het verhaal zou komen. Het was niet de manier waarop ze gewoonlijk met dit soort problemen omging, maar ze ging ermee akkoord om rustig te blijven. Een paar dagen later vertelde ze me dat degene die haar had gestraft teruggekomen was om excuses aan te bieden. De rustige houding van het meisje liet hem zien dat hij fout zat. Hij voelde spijt voor zijn slechte gedrag en begreep dat hij degene was die moest veranderen.

Soms moeten we anderen wel de schuld te geven. Dit gebeurt als we niet willen accepteren dat we ook fouten maken. Hoe snel zouden we nederigheid leren en onze fouten accepteren, als we zagen dat de mensen ons corrigeerden zoals Amma dat doet. Als we dat zouden kunnen, hoe liefdevol zouden we dan tegen onze critici zeggen: 'Neem me niet kwalijk, bedankt dat je me erop wijst waaraan ik moet werken,' zelfs als het niet waar was!

Als we innerlijke gelijkmoedigheid bewaren, ongeacht de vreemde situatie in de buitenwereld, zal de karmische band die misschien uit onze boosheid is voortgekomen, worden doorgesneden. Als we er echter voor kiezen om te vechten, kunnen we jarenlang aan het conflict vast blijven houden, mogelijk zelfs tijdens toekomstige generaties.

We moeten leren onze karmische banden door te snijden, ze met wortel en al uit te trekken en onze conflicten volledig op te lossen, anders zullen we herhaaldelijk dezelfde schadelijke scenario's opvoeren. Situaties en omstandigheden zullen op blijven komen totdat we de bedoelde lessen leren. We moeten ernaar streven om van onze vergissingen te leren en proberen ze niet opnieuw te maken. Elke dag krijgen we de kans om opnieuw te beginnen. Als iemand ons erop wijst dat we iets verkeerd hebben gedaan, moeten we een poging doen dit zo nederig mogelijk te accepteren.

Het helpt niet om te denken: 'Ik ben een zondaar. Ik heb zoveel fouten gemaakt, ik zal het nooit leren. Ik kan mezelf niet veranderen.' Deze houding is helemaal verkeerd. We moeten altijd bereid zijn om opnieuw te beginnen. Subtiele zegeningen stromen altijd naar ons toe maar we kunnen ze slechts in de wacht slepen door een positieve houding te ontwikkelen. We moeten niet ten prooi vallen aan hopeloosheid en mislukking.

Het is niet nodig onze zwaktes met iedereen te delen omdat ze hierdoor slechts bekrachtigd en versterkt worden. Als je een fout begaat, neem het dan simpelweg waar en accepteer het rustig; ga door en probeer niet in herhaling te vallen. Streef ernaar de nederigheid te ontwikkelen om blij te zijn als iemand je op je tekortkomingen wijst. Het zou zo heilzaam zijn als we dankbaar konden zijn als we worden gecorrigeerd.

Fouten maken kan pijnlijk zijn, maar probeer voor ogen te houden dat deze pijn alleen dient om ons ervan te weerhouden onszelf te bezeren. Iedere daad die we verrichten zal gevolgen met zich mee brengen. We moeten anderen niet de schuld geven en denken: 'Het is hun fout, niet de mijne.' Als we verantwoordelijkheid voor onze daden nemen, zullen zoveel zegeningen in ons leven verschijnen.

We staan altijd klaar om iedereen te vertellen dat we iets geweldig hebben gedaan of iets uitzonderlijk goed hebben gedaan. Dat is prima maar we moeten ook toegeven dat we soms wel fouten maken. Dit kan heel moeilijk zijn, maar maak je geen zorgen er zullen altijd volop mensen om je heen zijn die ons op onze vergissingen, fouten en nalatigheden zullen wijzen. Het leven biedt oneindig veel kansen om nederigheid te ontwikkelen.

Ik herinner me een voorval: Amma berispte een swami streng die voor ons geregeld had om op de ochtend van *Vijaya Dashami* (het festival dat de overwinning over het kwade viert) naar Amma's Europese toernee te vliegen. Dit belangrijke festival in India markeert een zeer gunstige tijd om kinderen in te wijden in onderwijs. Amma was geërgerd omdat ze op dat moment bij iedereen in de ashram wilde zijn. In plaats daarvan had de swami een extra rustdag in Duitsland geregeld na onze aankomst. Amma was daar helemaal niet blij mee.

Toen we vertrokken, belde ze de boosdoener vanuit de auto op en gaf hem een uitbrander: 'Waarom heb je dit gedaan? Waarom laat je me vertrekken op dit speciale tijdstip? Ik wilde bij mijn kinderen zijn!' Waar hij was, aan de andere kant van de wereld was het drie of vier uur 's morgens. De telefoonverbinding was verschrikkelijk en hij begreep niet echt wat Amma zei. Het was duidelijk dat ze niet gelukkig met hem was maar in plaats van ontdaan te zijn, dacht hij hoe heilig het was om haar stem op zo'n gunstig tijdstip in de ochtend te horen. Hij werd extatisch omdat hij wist dat alles van Amma een zegening is, wat het ook is. Zelfs een uitbrander laat ons zien dat ze echt om ons geeft en ons naar volmaaktheid wil leiden. Met vreugde in zijn hart bij het horen van Amma's stem, legde hij de hoorn neer, ging zitten en componeerde een bhajan.

Het was zo'n prachtige manier om zijn fout te accepteren. Hij werd terechtgewezen, maar met de nederige houding waarbij hij het horen van de stem van de Guru als een zegening ervoer, veranderde hij de straf in goddelijke muziek. We hebben een keuze met alles wat op ons afkomt. Vechten we en laten we ons ego opkomen? Of geven we ons over en veranderen we de situatie in een prachtige melodie die we met de wereld kunnen delen?

We hebben geen controle over situaties of gebeurtenissen die zich in het leven aan ons voordoen. Het enige waar we controle over hebben is de houding waarmee we ze aanvaarden. Laat ons een poging doen om alles te veranderen in heerlijke bhajans die we iedere avond samen met Amma kunnen zingen.

Hoofdstuk 13

Het monster van de geest

*'De vier moeilijkste taken op aarde zijn
geen fysieke of intellectuele prestaties, maar
spirituele: geef liefde terug voor haat; omarm
de verworpenen; vergeef zonder excuus en
wees in staat om te zeggen: 'Ik heb ongelijk.''*

— Auteur onbekend

We moeten ernaar streven om kalmte in onze geest te vinden in alle soorten lastige situaties. Om altijd gelijkmoedigheid te bewaren is erg moeilijk, maar het is een echt teken van ontluikende spiritualiteit. De golven van de geest proberen ons altijd neer te halen en ons te verdrinken in de oceaan van *maya* (illusie) waarin de wereld drijft. Deze mentale golven kunnen krachtiger zijn dan een tsunami; ze proberen alles te verwoesten. Onze inspanningen en spirituele oefeningen zullen ons helpen om in balans te blijven als het erop lijkt dat we aan het koorddansen zijn, maar ze zijn niet altijd genoeg om ons met de juiste houding door moeilijke situaties te leiden. Daarom hebben we de leiding van een perfecte Meester nodig.

Er zijn yogi's in de Himalaya's die decennia lang hebben gemediteerd, maar als het tijd is om hun maaltijd bij elkaar te krijgen, kunnen ze met elkaar vechten om wie er het eerst aan de beurt is. Ze beoefenen misschien de meest intense *tapas* (ascese), maar soms kunnen heel kleine dingen zelfs de meest ervaren yogi's gemakkelijk kwaad maken. Het is slechts aan de diepgaande genade van de Guru te danken dat de koppige schaduw van het ego geleidelijk aan vernietigd kan worden.

We moeten de genade verkrijgen die onze geest in staat stelt om vast te houden aan vredig bewustzijn. Dit bewustzijn is het krachtigste wapen dat we kunnen gebruiken om de monsters die in ons huizen te vernietigen. De genade en kracht van een perfecte meester zoals Amma is nodig om deze monsters volledig te overwinnen.

Haar liefde en leiding lossen gegarandeerd uiteindelijk al onze negativiteit en pijn op.

Ik bid vaak: 'Laat mijn leven dienstbaar zijn aan Amma en mag ik de kracht ontvangen om de wereld te kunnen dienen.' Als als ik hieraan denk, gaat onvermijdelijk de deurbel van mijn kantoor en verzucht ik: 'Wie stoort me nou weer?' Ik ga kijken wat diegene wil. Gewoonlijk is het iemand die hulpvaardig is en voel ik me slecht dat ik me ergerde. Ik ga weer terug naar mijn seva en de bel gaat opnieuw. Soms zit ik net. En zo gaat het spel verder.

Dan herinner ik het me en denk bij mezelf: 'Waar bid ik eigenlijk voor? Hier is een gelegenheid om mijn gebed uit te laten komen en iemand te dienen,' maar ik vergeet het. Amma herinnert ons er altijd aan dat we altijd beginnelingen blijven, hoeveel jaar we ook een spiritueel leven leiden.

Iemand kan decennia bij een Mahatma wonen, maar we zullen niet groeien of echte geestelijke vrede bereiken als onze innerlijke houding niet oprecht en verfijnd is. Iemand kan vele jaren dicht bij Amma zijn maar dit biedt geen enkele garantie tenzij we leren om een juist gebruik van onze geest te maken. Het is niet genoeg om alleen maar naast Amma te zitten, we moeten haar leringen in ons leven ook in praktijk brengen.

In de begintijd van de ashram liet Amma ons elke dag acht uur in meditatie zitten, wat enorm moeilijk was. Ze gaf later toe dat één van de redenen dat ze dit van ons vroeg was dat we altijd externe omstandigheden de schuld gaven van onze problemen. Het is zo gemakkelijk in de valkuil te stappen: 'Die persoon veroorzaakte mijn moeilijkheden! Het is altijd de schuld van iemand anders dat ik problemen heb!' Als we gaan zitten en meditatie beoefenen, zien we wat er eigenlijk in onze eigen geest gebeurt. Als we eerlijk zijn, zullen we zien dat we zelf aan de basis van al onze problemen staan. Amma wil dat we beseffen dat we aan onszelf moeten werken in plaats van anderen te beschuldigen van de onfrisse hachelijke situaties in ons leven.

In Amma's aanwezigheid zijn en haar gadeslaan is werkelijk een prachtige ervaring. Ik weet dat ik ongelofelijk gelukkig ben om de kans te krijgen zo dicht bij Amma te zijn. Als we buiten de ashram zijn en met de camper lange afstanden afleggen, ligt Amma soms op de bodem te rusten. Door het extreem aantal uren dat ze zittend doorbrengt zonder een mogelijkheid om zich te strekken, heeft Amma geen goede bloedcirculatie in haar benen. Daarom probeer ik soms haar voeten te masseren. Dit is een van de weinige beetjes comfort die ze zich toestaat in het leven, om zo nu en dan haar voeten te laten masseren en zelfs dan denkt ze eerst aan mij.

Soms, als ik op de bodem zit en over Amma's voeten wil wrijven, strekt ze haar benen naar me uit. Ze buigt haar lichaam in een totaal oncomfortabele houding om het voor mij praktisch en gemakkelijk te maken om erbij te kunnen. Ik voel me zo bedroefd dat ze op het enige moment dat ze rust heeft, bereid is om zichzelf in een ongemakkelijke positie te brengen om het mij gemakkelijk te maken.

De vibraties die op dat moment van Amma komen zijn genoeg om de wilde dieren in de geest te kalmeren. Er zijn momenten geweest dat ik in tranen was als ik eraan dacht hoeveel geluk ik had om in haar fysieke nabijheid te zijn. Amma's aanwezigheid kan vibraties teweegbrengen die onze geest doen smelten en de kwade beesten die we van binnen opgesloten houden, in lieve kleine poesjes kunnen veranderen.

Soms als ik haar voeten aanraak, denk ik aan alle mensen die me zo nu en dan ergeren en ik visualiseer dat ik naar hun toega en zeg: 'Sorry, ik vergeef je.' Al mijn negativiteit smelt weg en ik wil altijd goed zijn en me overgeven onder alle omstandigheden. Op die momenten brengen haar vibraties zoveel liefde in mij teweeg dat de opgeworpen ijzeren muur van het ego volledig uiteenvalt.

Het probleem is dat de muur slechts tijdelijk wegvalt. Als ik haar voeten na enige tijd loslaat, bouwt die zich langzamerhand weer op en denk ik: 'Ach, ik hoef niet *echt* iets tegen die persoon te zeggen...'

Slechts één aanraking van Amma kan al onze negativiteit als sneeuw voor de zon doen smelten. Helaas laten we dit meestal veel te snel weer terugkomen. Het ego komt voortdurend terug om ons te achtervolgen. Amma kan de barrières in ons afbreken, maar het is aan ons om ze niet opnieuw op te trekken. Gelukkig vergeeft Amma ons voortdurend en moedigt ze ons herhaaldelijk aan om ons onderscheidingsvermogen te gebruiken om het juiste te doen. Het kost hele levens van spirituele oefeningen om de negatieve stroom van de geest opnieuw te scholen en de kracht en goddelijke genade te verkrijgen die we nodig hebben om het doel te bereiken om Goddelijkheid overal te zien en te ervaren.

We zijn hier om te leren de geest onder controle te krijgen zodat we de echte schoonheid van de schepping kunnen zien zoals Amma dat doet. We moeten ophouden anderen de schuld te geven en gelukkig zijn met wat ons wordt gegeven. Ieder moeilijk probleem dat tot ons komt is eigenlijk een vermomde mooie les. Het is allemaal door God ontworpen om ons iets te leren dat ons zal helpen om ons lijden te overwinnen. Het probleem is dat we de vijand die ons altijd probeert te bedriegen, vertrouwen: onze geest! We worden beste vriendjes met deze gekke geest en geloven alle absurde dingen die hij ons vertelt.

Amma begrijpt wat we nodig hebben om de toestand van gelijkmoedige visie te bereiken, daar hoeven we niet aan te twijfelen, maar het is niet altijd gemakkelijk ons deze waarheid te herinneren als de donkere wolken van maya ons onderscheidingsvermogen verduisteren. Amma heeft gezegd dat het heel gemakkelijk is om het Goddelijke te zien en te voelen maar dat het uitzonderlijk moeilijk is om niet in de greep van maya te vallen.

Zeg tegen jezelf: 'Laat me slechts aanwezig zijn in dit moment en mijn onderscheidingsvermogen gebruiken. Alles wat me overkomt is om een belangrijke les te leren.' Ook al kunnen we denken dat iemand anders of een situatie buiten ons de katalysator is die onze problemen veroorzaakt, het is niet waar. Al ons lijden komt alleen voort uit de monsters in onze eigen geest. Probeer deze boze monsters onder controle te krijgen voordat ze je verslinden. Als we een bewuste poging doen om ze te beheersen, zullen we uiteindelijk de mentale kracht verkrijgen die nodig is om al onze negativiteit permanent op te lossen.

Het vereist levens van bewust proberen om goed te worden zodat we de ultieme bestemming van Godrealisatie kunnen bereiken. Waarom doen we niet ons uiterste best om een deugdzaam leven te leiden, beetje bij beetje, totdat we dit lichaam op moeten geven. Hoe harder we het proberen, hoe gemakkelijker het wordt. Als we ons uiterste best, doen zal Amma's genade ons zeker naar het ultieme doel van Godrealisatie brengen.

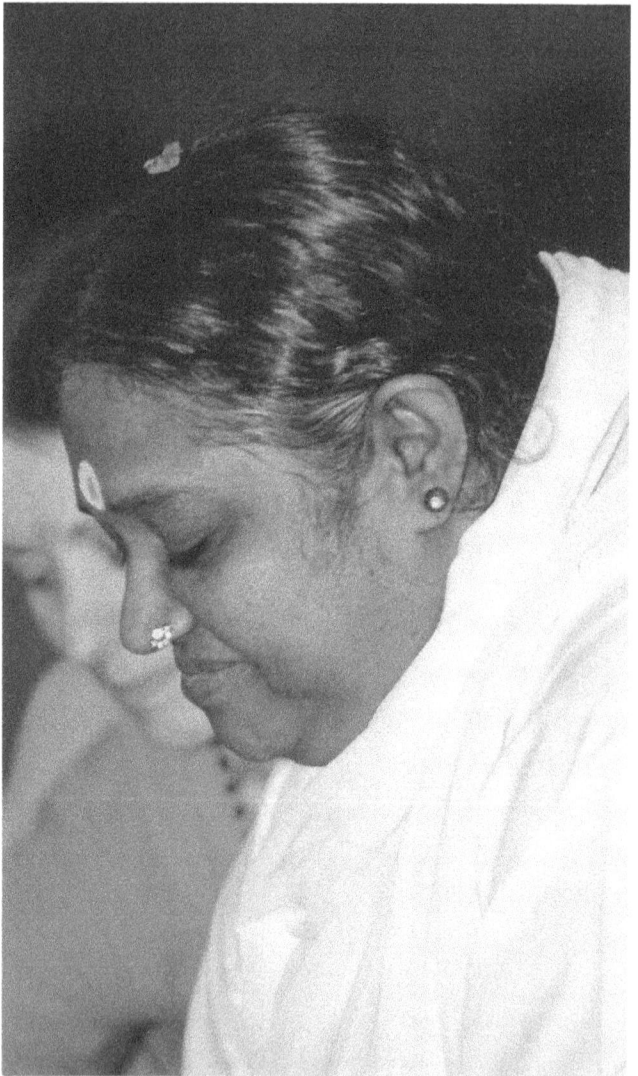

Hoofdstuk 14

Amma lost al onze negativiteit op

*'Onthechting betekent het hebben van
de juiste houding. Als je je mentaal
losmaakt, kun je de hele wereld om je
heen laten en hij zal je nooit aantasten'*

– Amma

Als we ons hoofd boven water kunnen houden als de golven van het bestaan ons dreigen te verdrinken, dan wordt het spelen in de golven een heerlijke ervaring. Als we ernaar streven om de vreugde in het leven te zien en dankbaar kunnen blijven, vooral gedurende de meest uitdagende periodes, wordt het leven een kostbaar geschenk dat ons meeneemt naar spirituele hoogten. Om dit te bereiken moeten we onze goede eigenschappen versterken wat onze negatieve neigingen zal verminderen. Het oplossen van alle egoïsme is geen eenvoudige opgave.

De enige manier waarop we ons kunnen bevrijden van mentale pijn en de demonen die in ons wonen is om ze te herkennen voor wat ze echt zijn. Onze ware aard is zuivere liefde maar het is moeilijk, bijna onmogelijk om van mensen te houden als we ons angstig voelen of we ons ontzettend aan hen ergeren. Een meisje dat ik ken gaf toe dat ze erover fantaseerde om de oogballen van mensen uit te krabben als ze boos is. Zeer veel mensen in de wereld van vandaag hebben gewelddadige fantasieën. Zelfs in de hindoegeschriften wordt er verhaald over een yogi die zo boos werd dat hij een vogel in een hoop as veranderde met slechts één blik.

Het is belangrijk om interne onthechting te ontwikkelen als deze *vasana's* (negatieve neigingen) in ons opkomen. We moeten ze opmerken en proberen te veranderen, maar we moeten ook voorzichtig zijn om onszelf daarom niet te haten. Onszelf vertellen: 'Ik ben zo vreselijk omdat ik deze of die onvolkomenheid heb,' zal onze gehechtheid aan die negativiteit alleen maar versterken. Probeer de manieren die je moet veranderen op te merken en streef ernaar ze te veranderen zonder boos op jezelf te worden. Ontspan, iedereen heeft gebreken. Doe gewoon je best om ze schoon te poetsen.

We kunnen niet altijd van iedereen houden maar we kunnen in ieder geval proberen niet boos op ze te worden als we ons ergeren. Het enige wat de pure essentie van liefde in ons tegenhoudt om naar buiten te komen is onze boosheid en het ego. Als we bewustzijn onze geest laten vullen, zal er helemaal geen ruimte voor boosheid zijn. Als we ons op ieder moment aan het Goddelijke vasthouden, zal dit onze negatieve gevoelens verzachten en oplossen. Ze kunnen in een flits verdwijnen als een positieve gedachte opkomt om ze te vervangen.

Een paar jaar geleden tijdens een tournee in Mauritius was er een tiener bij ons die soms een beetje ondeugend was. Iemand wees hem uiteindelijk terecht en zei: 'Je bent zo stout! Je bent zo slecht! Je moet je echt niet zo gedragen!' Terwijl ik het tafereel gadesloeg, stelde ik me voor dat de jongen ieder moment vreselijk boos zou worden maar hij bleef juist kalm en onthecht en glimlachte. Ik was onder de indruk van zijn zelfbeheersing. Het is uitzonderlijk moeilijk voor tieners om rustig en stil te blijven (vooral als er naar hen wordt geschreeuwd), maar in plaats van boos te worden en te reageren, bleef deze jongen rustig gedurende de hele uitwisseling.

Later ontdekte ik dat de jongen een pizzaria vlakbij had ontdekt. Voor de bestraffing was hij erheen gegaan en had hij een pizza en sodawater gekocht en die mee naar het programma genomen. Hij was zo blij dat hij iets anders kon eten dan Indiaas eten. Zelfs een standje kon hem niet uit zijn gelukkige stemming halen. Hij zat van zijn pizza te eten en zijn enige reactie op het standje was een glimlach terwijl hij antwoordde: 'Je kunt alles tegen me zeggen, het doet er niet toe. Omdat ik mijn pizza heb en ik nu gelukkig ben!' Ik genoot van zijn charmante voorbeeld om volledig in het tegenwoordige moment te blijven.

We moeten ons eigen leven op dezelfde manier bezien. We hebben Amma, en om die reden hebben we alles. We hebben zoveel meer dan de meeste mensen in de wereld. Hier zijn we bij de grootste Mahatma die ooit heeft bestaan. We moeten ons leven proberen te zien zoals deze jongen zijn pizza zag. Zo 'goedkoop' als het klinkt, Amma is onze 'pizza deluxe met alles erop en eraan!'

De waarheid is zo eenvoudig, maar heel gemakkelijk te vergeten; de geest zal continu proberen om ons om de tuin te leiden. We moeten nooit vrienden worden met de weifelende geest omdat het net als de zwaartekracht de aard van de geest is om ons naar beneden, naar negativiteit te trekken. We kunnen het voorbeeld nemen van een pot vol krabben. Als één krab probeert eruit te klimmen en vrij te worden, zullen de andere krabben snel en vasthoudend proberen hem vast te pakken en hem naar beneden trekken. Als de krabben op de bodem van de pot zich niet kunnen bevrijden, zullen ze niemand toestaan om zich wel te bevrijden. Dit klassieke voorbeeld staat bekend als het 'krabsyndroom.' Als we in ellende en rusteloosheid vastzitten, krijgen we alleen enige mentale rust als we weten dat anderen zich ook ellendig voelen.

In het westen suggereert een groot deel van de mainstream psychologie om diep in onze emoties te duiken, ons toe te staan ernaar te kijken en ze zo diep mogelijk te voelen. Gedachten en emoties zijn voorbijgaand en gebaseerd op onze altijd veranderende geest die geworteld is in maya. Ze veranderen voortdurend, dus waarom hechten we er zoveel belang aan? Erin zwelgen geeft ze meer kracht dan ze verdienen en helpt ze om een grotere grip op ons te krijgen.

Ik ken een studente die een poosje psychologie studeerde maar ze voelde dat haar geest er meer in verwarring door raakte. Na een jaar met een therapeut gewerkt te hebben die haar aanmoedigde om diep in haar gedachten en emoties te graven, raakte haar geest zo geagiteerd dat ze medicijnen moest nemen om 's nachts te kunnen slapen. Zoals golven van de oceaan naar de kust rollen, zijn onze emoties voortdurend aan verandering onderhevig. Hecht er niet te veel belang aan of ze nemen je mee naar God weet waar. Blijf eenvoudigweg onthecht en kijk vanaf de kust toe hoe de golven dichterbij komen en zich terugtrekken.

In mijn eigen leven heb ik ontdekt dat als ik het grootste deel van de tijd bezig blijf en me richt op het klaar krijgen van mijn seva-werkzaamheden zonder dat mijn persoonlijke gevoelens dit in de weg staan, er volledig voor me gezorgd wordt. We neigen ernaar om te geloven dat we altijd moeten denken en voelen en in contact moeten blijven met onze altijd veranderende, vluchtige emoties. Maar als we teveel denken, is het gemakkelijk meegenomen te worden in een niet zo mooie wereld vol denkbeeldige problemen. We zullen heen en weer geslingerd worden in een donkere en troebele oceaan van gedachten en dan steeds weer op de rotsen gesmeten worden. Het is veel beter om te proberen onze energie te kanaliseren in iets positiefs of een mantra te herhalen dan ons verliezen in illusoire en misleidende gedachten.

Er wordt gezegd dat God alles in deze wereld heeft geschapen behalve het ego. Dat was de schepping van de mens en daarom is het zo sterk in ons. We kunnen het ego niet alleen overwinnen, we zijn er te nauw mee verweven en kunnen het niet helder zien. Zoals een schaduw volgt het ons in alle situaties. De enige gegarandeerde manier om het permanent op te lossen is door de genade van een volmaakte Meester.

Als we Amma als onze gids nemen, hebben we feitelijk een garantie dat de dagen dat het ego problemen veroorzaakt, geteld zijn. Sommige mensen zeggen dat je geen spirituele Meester nodig hebt en dat je zelf bevrijding kunt ver-krijgen, maar dat is niet echt waar. Alleen een zeer, zeer klein percentage mensen is geschikt voor een pad zonder Meester. De meesten van ons zijn het niet. De schoonheid van een Guru is dat ze ons van ons ego kan scheiden en alle lijden en pijn kan wegnemen en het vervangen door liefde.

Hoofdstuk 15

Onbaatzuchtige dienstbaarheid leidt tot genade

'Het is allemaal erg eenvoudig. Je hoeft niet te kiezen tussen aardig zijn voor jezelf en anderen. Het is een en hetzelfde.'

— *Piero Ferrucci*

Amma herinnert ons eraan dat de zon het licht van een kaars niet nodig heeft. Evenzo heeft God niets van ons nodig omdat God de schenker van alles is. We moeten ons realiseren dat goede daden doen en dienstbaarheid betrachten alleen voor onze eigen bestwil is. Genade stroomt naar degenen die onbaatzuchtig werk verrichten en spirituele principes in hun leven belichamen zelfs als ze niet 'religieus' zijn. Een van de belangrijkste lessen die ik van Amma heb geleerd is de kracht van onbaatzuchtige dienstverlening om een kanaal van goddelijke genade te worden.

Als iemand vraagt: 'Kun je me hiermee helpen?' help hem dan. Het is God in een andere gedaante die je de gelegenheid geeft om je hart te openen en je zelfzuchtigheid op te lossen. Doorgaans zijn de manieren waarop we kunnen helpen heel eenvoudig. Ze nemen weinig tijd en inspanning in beslag en wie weet welke genade we kunnen verdienen door iets dergelijks te doen. Je zult meer gezegend worden door anderen te helpen dan door weken in meditatie door te brengen. Het zijn de kleine, onzelfzuchtige, eenvoudige klusjes, niets bijzonders, die genade naar ons toe lokken. Amma heeft ons keer op keer verteld dat haar geest degenen die onbevangen hulp bieden zal onthouden, vooral als ze het niet hoeven te doen.

Toen we tijdens de Europa tournee van 2013 naar Nederland reisden, stond er in de planning dat we aan het einde van de middag bij een meer zouden stoppen waar Amma iedereen een vroeg avondeten zou serveren. Het eten was al bereid:

patat en een Indiase schotel van rijstballetjes met zoete vulling. Terwijl we wachtten op de aankomst van de bussen van de staf, begon het keukenpersoneel ons avondeten klaar te maken. Ze zetten gasstellen klaar op het gras met grote pannen frituurvet om de patat te bakken. We wachtten meer dan een uur op de bussen maar in die tijd veranderde de prettige middag in een koude, donkere en vreselijk winderige avond. Amma besloot dat we daarom naar het Nederlandse programma moesten rijden.

Toen we het park verlieten, zag ik dat het keukenpersoneel daar nog bezigwas met hun pannen hete olie op het vuur en talloze culinaire ingrediënten. Ik voelde zo'n medelijden met hen en vroeg me af hoe ze de pannen met hete olie veilig konden vervoeren. Op de een of andere manier speelden ze het klaar.

Toen we bij de hal aankwamen, besloot Amma iedereen die er was eten te geven, meer dan vierhonderd mensen. Het keukenpersoneel bakte de aardappelen en bereidde in recordtijd een hele maaltijd. Amma serveerde het eten en maakte iedereen heel gelukkig. Voor veel mensen op het programma was het hun eerste gelegenheid om bediend te worden door een spirituele Meester (traditioneel hoort het andersom te gebeuren, maar Amma volgt deze traditie nooit. Zij is altijd degene die ons serveert). Aan het einde, vlak voordat Amma op zou staan, pakte ze de hand van een man vast met wie ik het meeste medelijden had, de chefkok die de bewerkelijke voorbereidingen had georganiseerd. Ze nam zijn hand vast en kuste deze zonder duidelijke reden. Hij was in vervoering.

Als we niets terugvragen zal ons meer gegeven worden dan waar we op hoopten. Amma hoeft ons niet te zien werken of zelfs maar erover te horen. Haar genade stroomt spontaan op het juiste moment. Het is een van de mooiste lessen: als we geven, ontvangen we veel meer terug. Als iemand zijn leven lang alleen maar neemt, wat heeft hij dan aan het eind nog over? Als we de waarde van geven hebben ervaren, zal vreugde automatisch ons hart vullen. We zullen duizendvoudig beloond worden.

Als we ophouden aan onszelf te denken en we onze aandacht op anderen richten, zullen we ontdekken dat het Goddelijke ons voorziet van alles wat we nodig hebben. We krijgen misschien niet alles wat we wensen, maar als we met een blik van vertrouwen kijken, zullen we beseffen dat er altijd in onze behoeften wordt voorzien. Als er iets ontbreekt, leert het Goddelijke ons gewoon een waardevolle les.

Onlangs vertelde een toegewijde die veel seva doet een verhaal over wat er gebeurde toen zijn zwembroek versleten was en hij een nieuwe nodig had. Volkomen onverwachts werd hij door Amma's persoonlijke assistent geroepen en werd hem verteld dat Amma iets voor hem had. Hij was een beetje verward. Wat kon Amma in hemelsnaam voor hem hebben? Hij kreeg een klein pakje. Hij haalde het elastiek eraf en keek wat erin zat. Het was zijn oude zwembroek die hij twee jaar geleden in het zwembad van Amritapuri had verloren! Een toegewijde uit Mauritius had het naar Amma gebracht en haar verteld dat het was achtergebleven tijdens een programma daar (hoe zijn oude zwembroek naar Mauritius was gereisd was een absoluut mysterie). Amma gaf het hem op haar beurt terug, juist op tijd. Hij besefte toen dat ze ons altijd voorziet van alles wat we nodig hebben op precies het juiste tijdstip.

Geef je over aan wat zich aandient en wees gelukkig met wat je hebt. Onthoud dat het

Goddelijke altijd voor ons zorgt. Dat is echt de beste leefregel.

Als het soms lijkt alsof we niet alles krijgen wat we nodig hebben of dat we ondanks onze goede daden nog steeds lijden zonder reden, moeten we ons herinneren dat wat we nu ervaren het resultaat is van de daden die we in het verleden hebben begaan.

We moeten sterk genoeg zijn om alles wat we tegenkomen in ons leven onder ogen te zien, en ons realiseren dat alle moeilijkheden een verhulde zegening zijn. Als we tegen alles vechten, zullen we altijd lijden. We zullen vaak denken: 'Nee, dit is verkeerd, het is een vergissing. Het is niet juist, het is niet eerlijk!' Vergeet niet dat alles voor onze *eigen* groei is om de verborgen talenten die we in ons hebben naar buiten te brengen. Als we ons dit kunnen herinneren, zal de reis van het leven veel gemakkelijker voor ons worden.

Als we goed voor mensen proberen te zijn, zal dat goede op een dag naar ons terugkomen. We kunnen niets doen om het verleden te veranderen. Iedere daad die we hebben verricht geeft een reactie en die reactie komt nu naar ons toe. We kunnen niet ontsnappen aan wat er op ons afkomt, maar datgene wat we nu doen, zal onze toekomst bepalen. We kunnen het verleden niet uitwissen, maar we kunnen onze negatieve reacties in het heden controleren door de wet van karma te begrijpen.

Als we bidden en ernaar streven om onze slechte gewoonten te veranderen door goed te doen, dan kan de genade van een Satguru iets van het negatieve karma dat op ons af zal komen, tenietdoen. Ze kan misschien niet alles wegnemen, omdat we soms moeten lijden om iets waardevols te leren; maar als we een oprechte poging doen om goed te doen, kan Amma ons lijden aanzienlijk verminderen.

Iedereen krijgt van God altijd precies wat hij nodig heeft. Als we onze spirituele oefeningen goed doen en onzelfzuchtig voor anderen bidden, dan zullen we de juiste mentale houding ontwikkelen om deze waarheid te beseffen. Dat is het verbazingwekkende aan dienstbaarheid: als we geven aan anderen, krijgen we zoveel meer terug.

Hoofdstuk 16

Het Goddelijke zal altijd voor ons zorgen

*'Als wij voor vandaag zorgen, zal
God voor morgen zorgen.'*

– Mahatma Gandhi

Vertrouw erop dat God weet hoe voor iedereen te zorgen. Wij zijn de enige wezens in de schepping die zich eindeloos zorgen maken om onszelf. Als we geloven dat er altijd voor ons gezorgd wordt, kunnen we onze energie richten op het helpen van anderen.

In de bijbel zegt Jezus: 'Daarom zeg ik je, maak je geen zorgen om je leven, om wat je zult eten of drinken; of ten aanzien van je lichaam wat je zult dragen. Is leven niet meer dan voedsel en het lichaam meer dan kleren? Kijk naar de vogels in de lucht; zij zaaien en oogsten niet en slaan het niet op in schuren, en toch geeft je hemelse Vader ze te eten. Ben jij niet veel meer waard dan zij? Kan iemand van jullie door zich zorgen te maken een enkel uur aan zijn leven toevoegen? En waarom maak je je zorgen om kleren? Kijk hoe de bloemen op het veld bloeien. Ze werken of spinnen niet. Toch zeg ik je dat zelfs Salomon in al zijn glorie niet was gekleed zoals een van hen. Als God het gras op het veld zo bekleedt, dat vandaag hier is en morgen in het vuur wordt gegooid, zal Hij jou niet veel beter kleden, jij die een gering geloof hebt? Dus maak je geen zorgen door je af te vragen: 'Wat zullen we eten?' of 'Wat zullen we drinken?' of 'Wat zullen we dragen?' (Mattheus 6:25-32)

Enkele jaren geleden werd een heel toegewijde man meegedeeld dat hij vermoedelijk zijn baan zou verliezen. Omdat banen in de techniek moeilijk te vinden waren in die tijd, wist hij dat alleen genade hem kon helpen. Amma was op haar Europese tournee, dus maakte hij gebruik van het internet om de stad te vinden die ze bezocht en belde het telefoonnummer dat bij de contactinformatie stond. Hij wist dat de kansen dat de drukke gastheer de telefoon zou opnemen heel klein waren omdat Amma hun stad bezocht. Toen hij echter belde, nam de gastheer direct op. Hij vroeg of hij een specifieke Swami kon spreken die 'toevallig' vlak bij de telefoon stond. Swami nam de telefoon op en zei de toegewijde dat hij Amma zou informeren dat hij zijn baan ging verliezen.

Vijf minuten na het telefoontje bevestigde zijn manager officieel dat hij zijn baan zou verliezen. Hij belde Swami onmiddellijk terug. Swami zei hem dat zodra hij Amma's kamer binnenging, voordat hij haar zelfs kon vertellen wat er was gebeurd, Amma opmerkte: 'Mijn zoon de ingenieur belde je zojuist en is bezorgd om zijn baan.' Ze vervolgde: 'Hij hoeft zich geen zorgen te maken. Ik zal voor alles zorgen.'

Hij had volledig vertrouwen dat Amma voor hem zou zorgen en besloot blij om zijn vrije tijd te besteden door seva te doen in de ashram in San Ramon. Toen hij zijn seva deed, bezocht de vrouw van een ingenieur San Ramon en vroeg hem of hij iemand wist die op zoek was naar werk. Ze zocht iemand om in dienst te nemen die precies de vaardigheden had die hij bezat.

Alles wat we nodig hebben wordt ons gegeven zonder het te vragen. Als we kunnen leren ons met vertrouwen en geloof over te geven aan wat ons gegeven wordt, zonder meer te vragen, zullen we ontdekken dat er voortdurend een stroom van zegeningen naar ons stroomt.

God houdt echt van ons en weet wat het beste voor ons is, maar wij zijn zoals kinderen die alleen willen wat we willen en we zien niet de zegeningen in wat ons wordt gegeven. Een toegewijde die leraar is vertelt een verhaal over een student:

'Er was afgelopen jaar een jongeman in mijn klas. Hij voetbalde, was knap, charmant en vriendelijk voor zijn klasgenoten. Hij was heel pienter maar vreselijk ongedisciplineerd. Iedere dag kwam hij blij en vrolijk de klas binnen maar als het tijd werd om aan het werk te gaan, begon hij te zeuren en verbitterd te klagen.

'Mevrouw, ik haat deze klas, er is teveel werk, ik zal zakken, ik ga het zelfs niet proberen, ik kan het helemaal niet aan, u maakt het te moeilijk.' Iedere dag hetzelfde liedje.

Ik was aardig, ik was hard, ik was meedogend, ik was streng, maar telkens zei ik: ' Ja, je kunt het' en 'Ja, het zal je lukken.'

Nu moet ik toegeven dat ik overweldigd werd door al zijn geklaag. Maand na maand ging de veldslag door. Zijn cijfers werden slechter en hij mocht niet voetballen als hij minder dan een C zou hebben. Dus hij kwam na school bij me en ik hielp hem 's middags met bijspijkeren, maar de volgende ochtend kwamen dezelfde klachten weer terug.

Gefrustreerd zette ik hem uiteindelijk apart van zijn vrienden en liet hem in een andere kamer zitten zodat hij zich kon concentreren. Hij werd zelfs bozer en vijandig, maar iedere dag zond ik hem naar zijn nieuwe plaats. Toen kwam eindelijk op een dag dat geen van beiden het verwachtte, Amma opdagen op haar geheime wijze.

De jongen begon duimen te draaien en ik zei 'OK, het is tijd om alleen naar het kantoor te gaan.' Hij begon te zeuren en klagen en ik ging door: 'Weet je, wat het *echte* probleem is met jou?' Ik was serieus en hij wist het.

Hij vroeg: 'Nee, wat is het echte probleem?'

Ik zei: 'Lieverd, het echte probleem is dat je denkt dat ik je straf, maar dat is niet het geval. Het echte probleem is dat je gewoon niet weet *dat liefde er zo uitziet.*' Hij stopte abrupt in het midden van de kamer. Je kon een speld horen vallen. Ik kon de radertjes zien draaien in zijn hoofd.

Hij keek zo verrast naar me: 'Echt waar, mevrouw?'

Ik antwoordde: 'Ja jongen, dit is liefde, ga nu aan het werk.'

Hij ging op afstand van zijn vrienden zitten en werkte het verdere uur gestaag door. Aan het einde kwam ik achter hem staan en legde mijn hand op zijn hoofd en zei: 'Kijk, je werkt zo goed als je eenmaal begint. Je hebt alleen wat hulp nodig om te beginnen.'

Nu zou ik graag zeggen dat hij nooit meer zeurde maar dat zou niet waar zijn. Hij veroorzaakte af en toe nog steeds problemen, maar vanaf die dag kon ik hem aankijken, zijn naam zeggen en ik zag dat hij zich de woorden herinnerde: 'Dit is waar liefde op lijkt.' Dan bedaarde hij opnieuw.

De onverwachte zegening voor mij is dat wanneer ik me erop betrap dat ik klaag over wat God mij in het leven heeft gebracht, ik me voel alsof ik Amma's stem kan horen die me zegt: 'Weet je wat het echte probleem is? Het echte probleem is dat je gewoon niet weet dat *liefde er zo uitziet!*'

Deze waarheid is soms moeilijk te onthouden, vooral als het moeilijke tijden zijn, maar als we ons over kunnen geven aan de goddelijke wil en de liefde erin ontdekken, zullen onze levens zeker gezegend worden. Soms lijkt de wereld om ons heen op een gevecht, maar Amma herinnert ons eraan dat het echte strijdveld in onszelf is. Het zijn de negatieve emoties zoals angst, woede, jaloezie en gebrek aan vertrouwen die onze echte vijanden zijn.

Amma is zoals Sri Krishna die voor ons de strijdwagen berijdt door onze strijd heen. Ze wacht geduldig tot we ons tot haar wenden voor leiding. We moeten de gewoonte van bidden en met praten met God ontwikkelen, waarbij we een innerlijke conversatie ontwikkelen met ons ware Zelf, in plaats van te luisteren naar de negatieve gedachten die heen en weer schieten en pogen ons te misleiden. Als we geconcentreerd blijven in plaats van meegevoerd te worden door onze gedachten en emoties, zal de geest helderder worden en beter onder controle komen. We zullen alle antwoorden vinden die we nodig hebben; ze wachten geduldig in ons, klaar om naar boven te komen zodra we ze een kans bieden.

Hoofdstuk 17

Ons ware dharma vinden

'Er is een prachtige mythische natuurwet die stelt dat de drie dingen waar we het meest naar verlangen in het leven, geluk, vrijheid en geestelijke vrede, altijd bereikt worden door ze aan iemand anders te geven.'

— *Peyton Conway March*

Ons ware dharma in het leven is om te weten wie we zijn en anderen te dienen. We willen allemaal een goede toekomst. Die wordt gemaakt door wat we in het heden doen. Het heden is alles wat we hebben, dus doe nu goede dingen. Zo eenvoudig is het. Waarom neigen we ernaar alles zo moeilijk te maken?

Een respectabel leven leiden en vriendelijke daden verrichten wanneer we ook maar kunnen, is de reden waarom we hier zijn. Het is veel belangrijker om op een dharmische manier te leven en te handelen dan te proberen om onze altijd veranderende gedachten en emoties te begrijpen. Teveel van onze energie is gericht op de fluctuerende wereld van wat we denken en voelen. Onthoud gewoon dat er altijd voor je gezorgd wordt en verspil geen tijd met je zorgen te maken (zo weinig waarover we ons zorgen maken, gebeurt daadwerkelijk). In plaats van je op jezelf te richten, kun je je energie beter gebruiken om je op anderen te richten. Als we ernaar streven om volgens deze hoogste idealen te leven, zullen we vrede vinden.

Ik herinner me dat Amma op een dag dat we door Amerika reisden, aan een kind die bij ons in de auto zat vroeg: 'Waarom ben je geboren?'

Hij antwoordde: 'Uhh, ik weet het niet.'

Amma beantwoordde de vraag voor hem. 'Om te weten wie je bent en anderen te helpen. Zeg dit vijf keer.'

Dus hij herhaalde het: 'Om te weten wie ik ben en anderen te helpen. Om te weten wie ik ben en anderen te helpen. Om te weten wie ik ben en anderen te helpen. Om te weten wie ik ben en anderen te helpen. Om te weten wie ik ben en anderen te helpen.'

'Vergeet dat nooit,' zei ze ernstig tegen hem. Ze zei dat hij dit iedere dag vijf keer per dag moest zeggen zodat hij het altijd zou onthouden.

Dit is dharma in het leven: te weten wie je bent en anderen te helpen.

We willen gewoonlijk alles over anderen weten maar we kijken zelden naar wie *wij* zijn. We richten ons altijd naar buiten voor antwoorden, nooit naar binnen. Toch draait de reis van ons bestaan om dit interne onderzoek. We zijn hier om te begrijpen wie we echt zijn en waarom we hier zijn.

Als we voor Amma zitten, genieten we misschien een poosje van haar aandacht, maar dat is niet genoeg. Om volledig innerlijke vrede te ervaren moeten we de genade verdienen om onze eigen geest onder controle te krijgen. Dat is de ultieme opgave die we machtig moeten worden, maar ook de moeilijkste.

Amma glimlacht misschien naar ons of stort enige tijd liefde over ons uit, wat tot tijdelijke gelukzaligheid leidt, maar dit is niet het uiteindelijke doel. Het doel is om permanent in die gelukzaligheid gevestigd te worden, hetgeen vereist dat we diep in de kern van ons wezen doordringen. Veel jonge mensen zijn tegenwoordig op 'zoek naar zichzelf', maar zelfs met dit doel voor ogen mondt dit voor de meesten uit in reizen in de verkeerde richting. Het vereist een uitzonderlijk sterke en moedige geest om op het pad naar het ware doel te reizen, het vinden van ons ware Zelf, het eeuwige Zelf dat één is met het Goddelijke.

Ik herinner me een dag dat ik bij een leiderschapsworkshop was. Er waren veel mensen gekomen die leider wilden worden. Iedereen leek zeer opgewonden en ze waren zeer gretig om te ontdekken wat het geheim was. De cursusleider bleef maar praten.

Eerlijk gezegd moet ik toegeven, dat ik het behoorlijk vervelend vond. Er was niets dat mij echt aantrok in wat er werd gezegd, totdat we bijna aan het einde kwamen, en er een zin was die deze man uitsprak: 'Ontdek wat jouw gave in het leven is, waar jij goed in bent en gebruik dat om anderen te dienen.' Toen ik dat hoorde bedacht ik dat deze hele bijeenkomst het waard was geweest alleen om deze verklaring te horen.

Het werd me echt duidelijk dat dit de dharmische rol in het leven is. Om te ontdekken wat onze gaven in het leven zijn en ze te gebruiken om te dienen. Dat is wat veel grote leiders in deze wereld hebben gedaan. Zo is Amma's leven geweest. Toen ze jong was, ontdekte ze dat ze een gave had om mensen te troosten. Ze heeft haar leven gebruikt om juist dit te doen, volledig haar dharmische pad volgend.

Talloze mensen vragen Amma: 'Amma, wat is mijn dharma? Wat voor seva, school of baan moet ik doen?' Het belangrijkste is niet *wat* we doen, maar meer *hoe* we het doen. Onze houding achter de handeling is waar het om gaat. Het werk dat we doen moet niet bepalen wie we zijn. Cruciaal is eenvoudigweg anderen te dienen, op alle mogelijke manieren waarbij we onze talenten zo goed mogelijk gebruiken.

Het is gemakkelijk om de genade van God te verdienen, maar om een echt goed persoon te worden is veel moeilijker. Om altijd het juiste te doen, alleen onzelfzuchtig te handelen en altijd goed over anderen te denken – om het wilde dier dat in onze geest woont te temmen – is een monumentale taak. Dit moet ons niet afschrikken; we hoeven geen slaven te zijn, die zich altijd voor anderen opofferen. Het is okay ervoor te zorgen dat er eerst voor onze behoeften word gezorgd. Per slot van rekening vergt het een ongelofelijke hoeveelheid voortdurende inspanningen om een waarachtig mens te worden. De strijd om het zuiver 'menselijke' in ons binnenste te vinden is een levenslange zoektocht. We hebben een heroïsche geest nodig om dit te volbrengen.

Een toegewijde vertelt dit verhaal:

'Toen ik opgroeide, waren allebei mijn ouders alcoholist. Geweld, drugs en alcohol waren het enige wat ik kende. Ik begon te drinken in mijn vroege tienerjaren en begon spoedig daarop drugs te gebruiken. Kort daarop dronk ik en rookte ik iedere avond. Ik zette bijna twintig jaar deze gewoonte voort. Ik was volledig de weg kwijt en verwoest door mijn verslavingen. Ik probeerde verscheidene keren te stoppen maar vond nooit genoeg kracht. Ik werd verteerd door zelfzucht en zelfhaat. Ik voelde me alleen vredig als ik high was.

Toen ik bij Amma kwam, veranderde mijn hele leven. Ik voelde een onmiddellijke verbinding met haar en ik werd overweldigd door haar liefde. Ik wist meteen dat ze meer van me wilde dan verloren blijven in drugs en alcohol. Ik stopte met beide verslavingen op de avond dat ik mijn eerste darshan ontving. Sindsdien ben ik clean.

Als ik kijk naar Amma als ze darshan geeft, ben ik zo geïnspireerd door de liefde en genegenheid die ze over iedereen uitstort. Ze heeft mij geïnspireerd om te stoppen met mijn verwoestende gewoonten en in plaats daarvan tijd te besteden aan het helpen van anderen. In plaats van te drinken bracht ik mijn avonden door met vrijwilligerswerk. Amma heeft me geleid op het pad naar echte liefde en innerlijke vrede.'

Je vindt buitengewoon zelden inspirerende rolmodellen. Er is bijna niemand die de hoogste bedoelingen en edelste waarden in zijn leven heeft geïntegreerd. De eigenschappen vrede, liefde en mededogen kunnen niet slechts woorden op een bladzijde zijn; we moeten ernaar streven om ze in onze daden uit te drukken. Het is niet voldoende te denken dat we belangrijke dingen in de toekomst zullen doen. Het is het tegenwoordige *nu* waar we aan moeten werken. We moeten ons leven niet blijven verspillen door veranderingen in de toekomst te plannen. We verzinnen zoveel excuses om niet nu beter te handelen. Laat de 'maar/alleen als/slechts als dit verandert' excuses los. Amma herinnert ons eraan dat dit leven geen generale repetitie is. Dit is het. Hier en nu.

Daag jezelf uit om te handelen volgens de hoogste idealen (je weet dat je dat moet!), anders zal je leven tevergeefs voorbijgaan. Onze energie wordt zo snel verteerd door niet productieve activiteiten; streef er daarom naar om te dienen op iedere wijze die je kunt. Als we vast kunnen houden aan deze heilige intentie, zullen we de genade van onze eigen geest verdienen en de echte vrede waarnaar we allemaal verlangen, in ons vinden.

Mededogen hebben is niet zo moeilijk als we denken. Het is ons geboorterecht en maakt al het overige goed. Als Amma vrij onderwijs aan kinderen geeft door haar beurzenprogramma's, heeft ze één voorwaarde: nadat de leerlingen hun scholing hebben beëindigd en een carrière hebben gerealiseerd, moeten ze een ander kind dat geen geld heeft om onderwijs te volgen sponsoren. Op deze manier creëert Amma een prachtig vlindereffect waarbij de goede dingen in het leven steeds worden doorgegeven. We hebben zoveel zegeningen in ons leven ontvangen; laten we onze dankbaarheid uitdrukken door dienstbaarheid.

Amma's boodschap voor ons is theoretisch heel simpel: streef ernaar van iedereen te houden en om anderen te dienen op iedere kleine wijze die je kunt. Amma doet dit door elke daad van haar, door elke ademtocht van haar. Met een beetje inspanning gecombineerd met Amma's leiding en genade, zullen wij haar enorme liefde ook in onszelf aanwezig vinden.

Hoofdstuk 18

Heb een beetje vertrouwen

'Je bent niet een druppel in de oceaan. Je bent de hele oceaan in een druppel.'

– Rumi

Als er onderzoeken worden gedaan om uit te vinden wie gelukkiger zijn, mensen die in een hogere macht geloven of degenen die geen enkel geloof erop na houden, wordt altijd aangetoond dat mensen met geloof meer geluk in hun leven ervaren.

Niemand kan ons dwingen om vertrouwen te hebben. Het is iets wat we zelf moeten ontwikkelen. Als we vertrouwen hebben, echt vertrouwen in God of de Goeroe, kan dat vertrouwen door niets of niemand worden geschokt. Echt vertrouwen is rotsvast en onveranderlijk.

We moeten naar ons eigen hart, onze geest en ons intellect luisteren om vertrouwen te ontwikkelen. Er is geen kracht bij betrokken, het komt eenvoudig bij ons op als we het pad naar de liefde betreden.

Sommige mensen denken: 'Ik ga niet blind geloven dat Amma mijn Goeroe is, dus ik zal het haar vragen.' Ze komen naar Amma tijdens darshan en vragen: 'Amma, bent U mijn Goeroe?'Amma is zo nederig en mededogend, deze eigenschappen stromen op een natuurlijke wijze uit haar. Dus als we haar vragen of ze onze Goeroe is, is dat nooit een probleem. Ze heeft er geen bezwaar tegen. Ze is altijd bereid om zo naar beneden te komen, naar ons niveau en liefdevol te zeggen: 'Ja mijn kind, Ik ben je Goeroe.'

Amma is de grootste spirituele Meester die ooit heeft bestaan. Als we ons bewustzijn en onze opmerkzaamheid gebruiken, wordt deze waarheid evident. Kijk, zie en voel haar kracht; zelfs de vibraties die Amma uitstraalt zijn krachtig genoeg om ons te laten zien wie ze werkelijk is. Neem de manier waarop ze haar leven leidt in beschouwing. Ze kan ons absoluut van

duisternis naar licht leiden, maar onze mede-
werking en ons bewustzijn moeten er ook zijn.

Sommige mensen kunnen automatisch
de goddelijke aanwezigheid van grote zielen
voelen, omdat ze een spirituele basis hebben
om deze zaken te begrijpen. Ze kunnen zich
gemakkelijk afstemmen op de vibraties die een
verlicht Meester uitstraalt en die in zich opnemen. Maar nog veel meer mensen hebben dit
niveau niet bereikt en zien Amma gewoon als
een lieve vrouw die geweldige omhelzingen geeft
en een verbazingwekkend liefdadigheidsnetwerk
leidt. Uiteindelijk maakt het Amma niet uit wat
mensen van haar denken of over haar zeggen.
Ze stroomt eenvoudigweg de wereld in als een
machtige rivier van liefde en leidt ons terug
naar dezelfde bron, als we de moeite nemen om
te volgen. Wat we verkiezen te doen met haar
levensbrengende water is volmaakt aan ons – de
rivier stroomt gewoon.

Een Satguru ziet het verleden, het heden en
de toekomst. Als Amma naar ons kijkt, weet ze
alles in al deze verschillende rijken. Ze heeft de
kracht om af te stemmen op andere dimensies
als dat nodig is. Dit betekent niet dat ze ons

beoordeelt met haar kennis. Ze is altijd begrijpend en mededogend.

Als we naar Amma kijken, kunnen we ons het verleden niet herinneren, de toekomst niet voorspellen, of zelfs maar meer dan een paar tellen in het heden blijven. We kijken naar haar en door onze beperkte mogelijkheden vragen we ons af: 'Kent ze mij echt? Begrijpt ze volledig wat er gebeurt?' Ja, dat doet ze. Twijfel daar niet aan. Zoveel mensen zijn gezegend met de directe ervaring van Amma's alwetendheid.

Toen Amma's broer een tiener was had hij nooit geprobeerd te roken of te drinken. Toen hij op een dag bij een andere tiener was die vlakbij woonde, bracht deze vriend hem in de verleiding om een sigaret te proberen. Amma's broer wist niet wat te doen. Hij voelde dat het verkeerd was om te roken en wilde niet dat Amma ontdekte dat hij daardoor in de verleiding werd gebracht, maar voelde zich ook een beetje opgewonden door het idee. Zijn vriend stelde voor: 'Laten we hier morgen bij elkaar komen dan zal ik een sigaret meenemen om te proberen.'

De volgende ochtend, toen Amma's broer de koeien aan het melken was, kwam Amma naar hem toe en vroeg: 'Rook je?'. Hij verstijfde en antwoordde niet. Ze vervolgde: 'Ik weet dat je het niet doet….dus DOE HET NIET!' Hij was geschokt door de waarschuwing in haar stem. Hoewel hij het roken nog niet had geprobeerd, was hij van plan om het later die dag te proberen. Hij realiseerde zich dat Amma hem die ochtend had gezocht om hem te behoeden voor het slechte pad. Nadien was hij altijd voorzichtig zich niet slecht te gedragen of een verkeerde kant op te gaan.

De meeste familieleden van Amma krijgen lang niet zoveel mogelijkheden om tijd met haar door te brengen als toen ze opgroeiden. Het kan lang duren voordat Amma hen roept om ze te spreken en soms zijn ze daarom verdrietig. Deze zelfde broer denkt soms: 'Ik doe niks slechts, daarom roept Amma me niet. Als ik iets verkeerd deed, dan zou Amma me roepen.' Steeds wanneer hij iets wil doen waarvan hij weet dat Amma het niet zou goedkeuren, is zijn tactiek om het Amma eerst mentaal te vertellen en het dan tegen zijn vrouw te zeggen.

Op een dag raakte hij zo gefrustreerd dat Amma hem niet riep dat hij besloot om

uiteindelijk roken uit te proberen. In overeen-
stemming met zijn tactiek vertelde hij het Amma
eerst mentaal en vervolgens vertelde hij het plan
openhartig aan zijn vrouw. Ze was verbaasd
maar zei niets. Het volgende moment ging de
telefoon. Hij vroeg zijn vrouw om hem op te
nemen. Ze weigerde dus nam hij de telefoon zelf
op. Het was Amma die hem vroeg om naar haar
kamer te komen om haar te ontmoeten. Hoewel
het een loos dreigement was dat hij weg zou gaan
om te roken, belde Amma hem onmiddellijk.

Dit betekent niet dat we moeten dreigen met
slechte daden om Amma's aandacht te krijgen,
maar het toont wel aan hoeveel ze begrijpt en om
ons geeft. Amma bidt altijd dat we vasthouden
aan het correcte gedrag. Haar enige wens is dat
we in de dharmische richting lopen op het pad
naar liefde.

Er is geen beter aanbod waar ook ter wereld
dan toevlucht te nemen aan haar lotusvoeten.
Voel je vrij om om je heen te kijken maar je zult
nergens in deze schepping een betere Goeroe vinden. Amma is de stille getuige van alles, waarbij
ze voortdurend genade, gelukzaligheid en liefde

geeft. Ze biedt zoveel meer dan we zelfs maar kunnen begrijpen.

De moeder die ons het leven schonk, zal een paar jaar voor ons zorgen, maar Amma belooft terug te komen tot het einde der tijden om ons naar het ultieme doel van bevrijding van ons lijden te brengen. Zij zal ons niet forceren; ze zal eenvoudigweg onze hand vasthouden en ons verderleiden. Soms is het voor ons eigen bestwil dat ze ons een beetje verderduwt als we beginnen te twijfelen. Ze kan ons confronteren met dingen die we niet echt willen zien, maar de kracht van haar liefde is zo sterk dat het ons kan helpen om elke uitdaging die ons wacht aan te kunnen.

Mensen zijn door zoveel ervaringen in het leven gekwetst. Liefde heeft een groter genezend effect dan wat dan ook in deze wereld. Dit is wat Amma ons biedt.

Amma is de manifestatie van ons ware Zelf. Zij is al volledig en compleet. Ze verlangt van niemand iets, inclusief liefde of toewijding. De waarheid is dat wij het zijn die haar nodig hebben. Wij zijn degenen die profiteren van ons geloof in Amma. Haar liefde en begeleiding zullen slechts vreugde in ons leven brengen.

Iedere toegewijde heeft verbazingwekkende verhalen over zijn ervaringen met Amma, maar we vergeten ze zo snel. We luisteren naar de wispelturige geest en naar wispelturige mensen. We denken: 'Nee, misschien is Amma niet verlicht; ze heeft haar favorieten; ze kijkt helemaal niet naar me; ze praat de hele tijd met die persoon!' Of een andere domme reden. Amma zal niet bij de drama's die we spelen betrokken worden, zelfs als het er soms op lijkt. Ze kan op verschillende situaties reageren door verschillende emoties te tonen zoals bedroefdheid of boosheid, maar van binnen blijft ze onbewogen.

Amma is volledig gevestigd in ultiem begrip; ze ervaart altijd het Goddelijke dat inherent is in elk atoom van deze schepping. Bevrijding is een verheven toestand van de geest. Daarom zeggen we dat we nooit een Meester moeten beoordelen; hun geest werkt op een andere manier dan de onze. Als we ons de gelegenheid gunnen om te stoppen en Amma objectief waar te nemen, dan wordt de waarheid duidelijk: Amma is simpelweg een belichaming van zuivere liefde.

Aan liefde kun je niet ontsnappen. Vroeg of laat moeten we ons allemaal aan deze waarheid overgeven en ook een belichaming van liefde worden.

Amma is een boodschapper van liefde, de manifestatie van zuivere kracht en onbaatzuchtigheid en ze is hier om ons van duisternis naar het licht te leiden. Ze is gekomen om ons eraan te herinneren wie we echt zijn.

Het belangrijkste wat ik van Amma heb geleerd is dat de kracht van liefde echt het antwoord op alles is.